말랑이랑
# 스퀴시 만들기

# 말랑이랑 스퀴시 만들기

**초판 1쇄 발행**  2023년 11월 1일
**초판 3쇄 발행**  2024년 1월 5일

**지은이**  말랑이랑(함서연)

**발행인**  장상진
**발행처**  (주)경향비피
**등록번호**  제2012-000228호
**등록일자**  2012년 7월 2일

**주소**  서울시 영등포구 양평동 2가 37-1번지 동아프라임밸리 507-508호
**전화**  1644-5613 | **팩스**  02) 304-5613

**ISBN**  978-89-6952-563-5 13630

· 값은 표지에 있습니다.
· 파본은 구입하신 서점에서 바꿔드립니다.

1. 제품명 : 말랑이랑 스퀴시 만들기  2. 제조자명 : 경향BP
3. 주소 : 서울시 영등포구 양평동 2가 37-1번지 동아프라임밸리 507호
4. 전화번호 : 1644-5613  5. 제조국 : 대한민국
6. 사용연령 : 6세 이상  7. 제조연월 : 2023년 11월
8. 취급상 주의사항
   - 종이에 베이거나 긁히지 않도록 조심하세요.
   - 책 모서리가 날카로우니 던지거나 떨어뜨리지 마세요.

# 말랑이랑 스퀴시 만들기

말랑이랑(함서연) 지음

경향BP

 프롤로그

말하!
말랑이랑입니다.

말랑이 거래판부터 수제 말랑이들까지!
만들 준비되셨나요?

어릴 때부터 만들기를 좋아해서
말랑이들도 직접 고안해서 만드는 것을 좋아해요.

제가 만든 말랑이들을 만들어보고 싶어 하시는
구독자님들을 위해 손그림 도안을 공유했는데
이렇게 도안책으로도 만나볼 수 있게 되었습니다!

직접 종이에 연필로 스케치하고
색칠도 직접 펜으로 한 100% 손그림 도안들이랍니다.

여러분들의 만들기 시간이
'재밌는 시간'이 되기를 바랍니다!

 차례

프롤로그 _ 4
말랑이랑 스퀴시 준비물 _ 7

## 거래판

말랑이랑 거래판 _ 8
말랑이랑 캐릭터 거래판 _ 12
말랑이랑 통째로 거래판 _ 16

## 디저트&음료

말랑이랑 케이크 세트 _ 19
말랑이랑 우유 _ 22
말랑이랑 도넛 세트 _ 25
말랑이랑 캐릭터 우유 _ 29
말랑이랑 타로 버블티 _ 33
말랑이랑 탕후루 _ 37

## 요리

말랑이랑 삼각김밥 _ 40
찜통 속 미니 초밥 _ 43

## 캐릭터

망토 입은 곰돌이 _ 47
오리 말랑이 _ 50
아보카도 팝잇 _ 53
우주복 입은 우주인 _ 56
완두콩 팝잇 _ 60
하리뽀 곰돌이 _ 63

## 기타

키보드 퍼즐 _ 66
펫 아이스크림 가게 스퀴시북 _ 70
선물 말랑이 _ 74

## 부록

말랑이랑 수제 도안 _ 77

## 말랑이랑 스퀴시 준비물

### 1. 솜

솜 종류는 크게 구름솜, 방울솜 2가지가 있는데 2가지 모두 가능합니다. 저는 구름솜보다 방울솜이 눌렀을 때 복원력이 좋은 것 같아 주로 방울솜을 사용하고 있어요. 솜을 많이 넣을수록 폭신폭신함을 느낄 수 있는데 도안 크기의 70% 정도 채워주는 게 가장 좋습니다.

### 2. 코팅지

코팅지는 힘 있게 모양틀을 갖춰야 할 때 주로 사용합니다. 예를 들어 도넛박스와 같은 도안은 코팅지로 코팅해주면 단단해져서 좋아요. 프린팅되어 있는 한쪽 면만 코팅지로 코팅해주면 됩니다.

### 3. 박스테이프

박스테이프를 길게 잘라 양끝을 양손으로 평평하게 펴준 다음 테이프 가운데 부분부터 평평함을 유지하면서 도안에 붙여주세요.

### 4. 가위

가위는 내 손에 잘 맞고 익숙하면 아무거나 사용해도 좋아요.

# 말랑이랑 거래판

귀여운 표정이 그려진 거래판 위에 거래할 말랑이들을 쏙쏙 올려보세요.
마음에 드는 말랑이가 나올 때까지 추가! 추가! 버튼 마구마구 누르기!

수제 도안 ▶ 77쪽

 **HOW TO MAKE**

말랑이랑 거래판
만드는 방법 보러 가기
1:18부터!

**01**

귀여운 표정이 그려져 있는 거래판 도안을 코팅지로 코팅 후 오려주세요.

**02**

수락(V), 추가(+), 거절(X) 버튼 도안을 코팅지로 코팅 후 오려주세요.

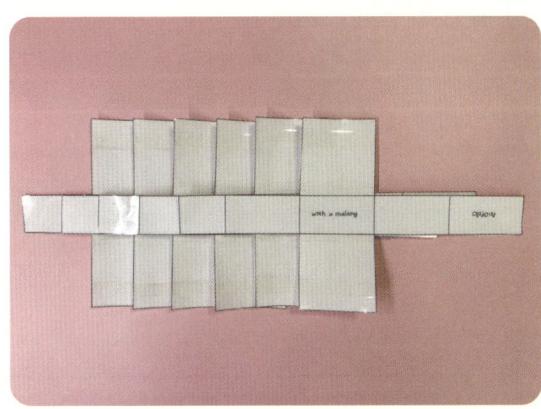

**03**

토독토독 두드릴 거래 버튼을 입체로 만들기 위해 총 6장을 선대로 접어주세요.

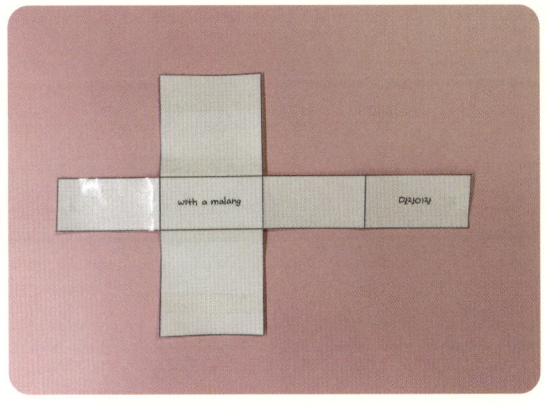

**04**

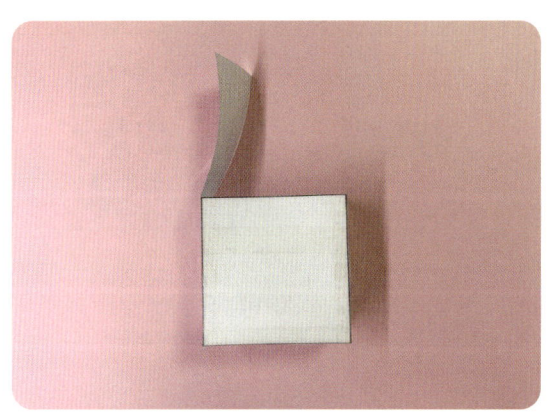

솜 넣을 한쪽 면을 제외하고 모두 테이프로 붙여주세요.

**05**

몽실몽실 구름솜이나 빵실빵실 방울솜을 가득 넣어주세요.

**06**

솜구멍도 테이프로 붙여주세요.

**07**

나머지 5개의 버튼 스퀴시 도안도 같은 방법으로 만들어주세요.

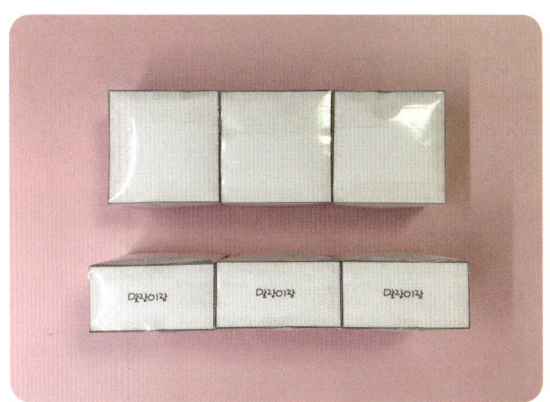

**08**

3개씩 테이프를 붙여서 2세트로 만들어주세요.

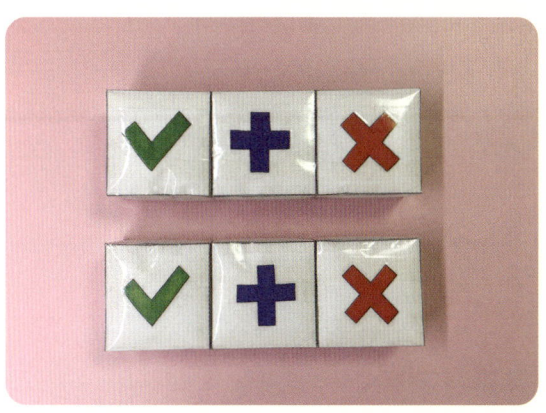

**09**

과정 2에서 오려둔 수락(∨), 추가(+), 거절(✗) 등 거래 버튼 그림을 붙여주세요.

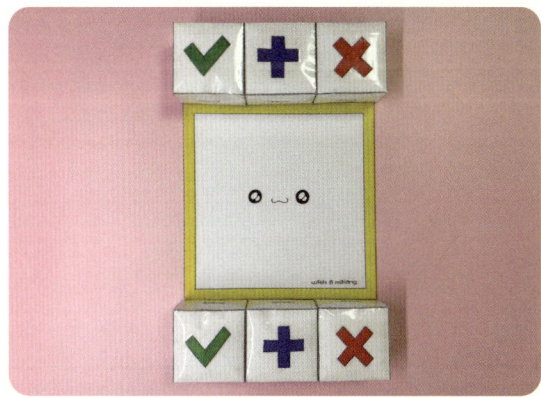

**10**

귀여운 표정 거래판에 거래 버튼 스퀴시들을 테이프로 붙여주면 완성!

 거래판 ★

# 말랑이랑 캐릭터 거래판

말랑이랑 패밀리 캐릭터가 그려진 거래판 위에 거래할 말랑이들을 쏙쏙 올려보세요.
갖고 싶은 말랑이가 나왔다면 수락! 수락! 버튼 마구마구 누르기!

수제 도안 ▶ 91쪽

말랑이랑 캐릭터 거래판
만드는 방법 보러 가기
6:01부터!

**01**

말랑이, 말랑맘, 말동이가 그려져 있는 거래판 도안을 코팅지로 코팅 후 오려주세요.

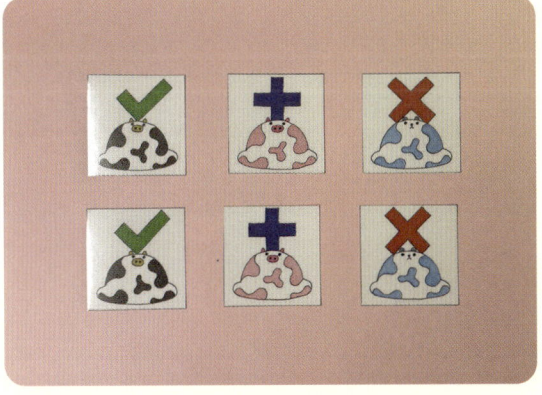

**02**

알록달록 젖소무늬 모자가 그려져 있는 버튼 도안도 코팅지로 코팅 후 오려주세요.

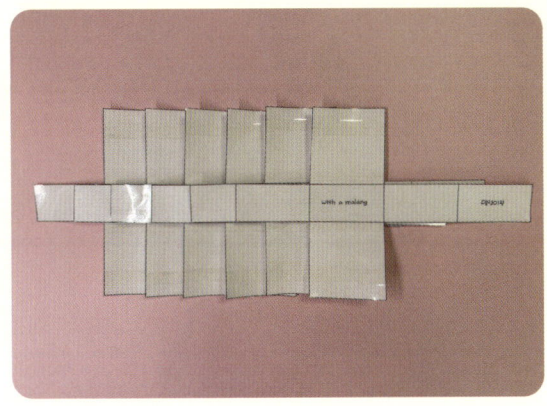

**03**

토독토독 두드릴 거래 버튼을 입체로 만들기 위해 총 6장을 테이프로 코팅 후 오려주세요.

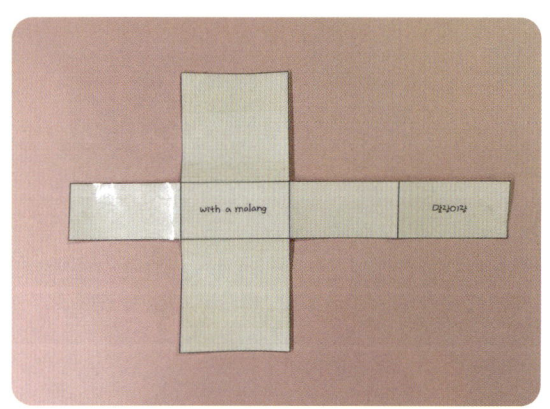

**04**

버튼 스퀴시 도안 6장을 선대로 모두 접어주세요.

**05**

솜 넣을 한쪽 면을 제외하고 모두 테이프로 붙여주세요.

**06**

몽실몽실 구름솜이나 빵실빵실 방울솜을 가득 넣어주세요.

**07**

솜구멍도 테이프로 붙여주세요.

**08**

나머지 5개의 버튼 스퀴시 도안도 같은 방법으로 만들어주세요.

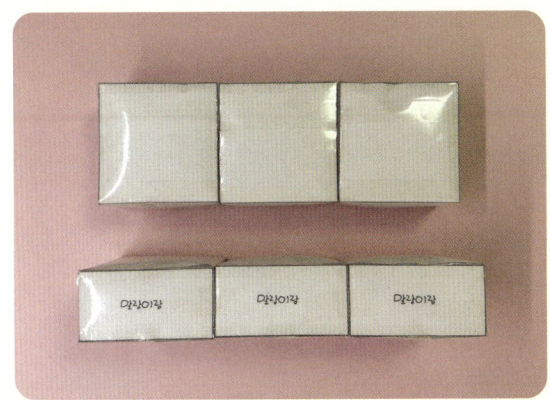

**09**

3개씩 테이프로 붙여서 2세트로 만들어주세요.

**10**

과정 2번에서 오려둔 말랑이모자, 말랑맘모자, 말동이모자 도안을 붙여주세요.

**11**

말랑이랑 거래판에 거래 버튼 스퀴시들을 테이프로 붙여주면 완성!

**거래판** ★

# 말랑이랑 통째로 거래판

말랑이랑 거래판에 통째로 말랑이가!?
도안 그대로! 미니 거래판으로 활용할 수도 있답니다.

수제 도안 ▶ 107쪽

# HOW TO MAKE

말랑이랑 통째로 거래판
만드는 방법 보러 가기
5:20부터!

**01**

귀여운 말랑이들이 통째로 그려져 있는 도안을 테이프로 코팅 후 오려주세요.

**02**

이 도안 그대로 '휴대용 미니 거래판'으로도 활용할 수 있답니다.

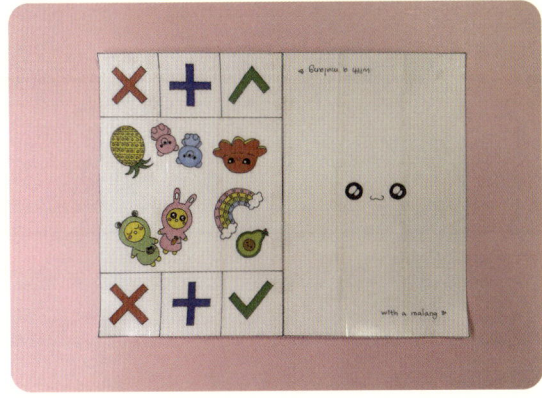

**03**

앞면과 뒷면을 솜 넣을 한쪽 면을 제외하고 모두 붙여주세요.

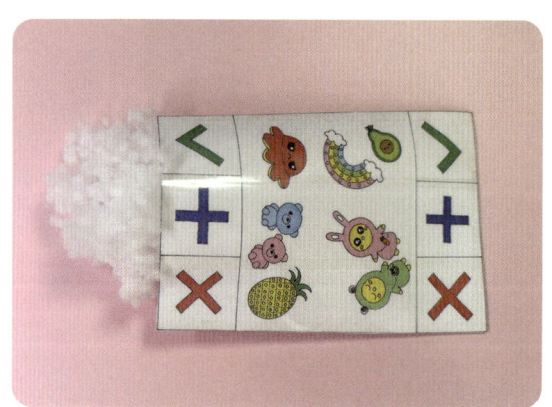

**04**

몽실몽실 구름솜이나 빵실빵실 방울솜을 가득 넣어주세요.

**Tip** 솜을 많이 넣을수록 푹신해져요.

**05**

솜구멍도 테이프로 모두 붙여주면 완성!

**디저트&음료** ★

# 말랑이랑 케이크 세트

디저트 카페에 가면 항상 먹고 싶은 케이크 삼총사!
무지개 케이크, 딸기 케이크, 민초 케이크가 정말 먹음직스러워요.

수제 도안 ▶ 109쪽

  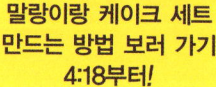

말랑이랑 케이크 세트
만드는 방법 보러 가기
4:18부터!

**01**

딸기 케이크, 무지개 케이크, 민초 케이크 도안을 테이프로 코팅 후 오려주세요.

**02**

윗면에 케이크 단면이 그대로 보이는 옆면을 테이프로 붙여주고 남는 옆면은 잘라주세요.

**03**

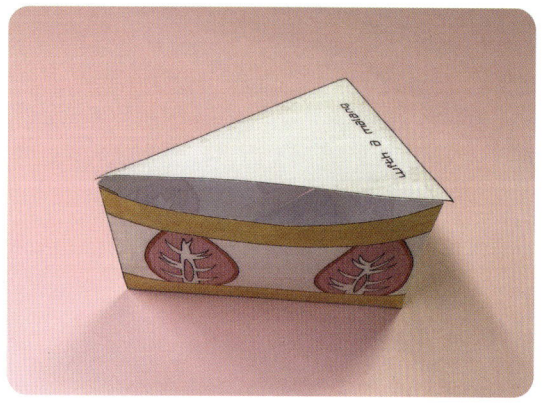

솜 넣을 한쪽 면을 제외하고 밑면까지 모두 테이프로 붙여주세요.

**04**

몽실몽실 구름솜이나 빵실빵실 방울솜을 가득 넣어주세요.

**05**

솜구멍도 테이프로 모두 붙여주세요.

**06**

민초 케이크와 무지개 케이크도 같은 방법으로 만들어주세요.

**디저트&음료** ★

# 말랑이랑 우유

딸기우유와 초코우유에게 표정이 있다면 바로 이런 모습이 아닐까요?
좋아하는 우유 맛으로 푹신푹신 말랑이를 만들어보세요

**수제 도안 ▶ 115쪽**

말랑이랑 우유
만드는 방법 보러 가기
2:00부터!

**01** 귀여운 표정이 그려진 초코우유, 딸기우유 도안을 테이프로 코팅 후 오려주세요.

**02** 우유갑을 접듯이 선대로 접어주세요. 우유갑 마개 부분의 대각선은 안쪽으로 접어주세요.

**03** 옆면의 끝과 끝을 테이프로 붙이고 밑부분은 옆면과 연결하여 테이프로 붙여주세요.

**04**

몽실몽실 구름솜이나 빵실빵실 방울솜을 가득 넣어주세요.

**05**

윗부분을 테이프로 붙여주세요.

**06**

우유갑 맨 윗부분이 세워질 수 있도록 옆으로 테이프를 붙여주세요.

**07**

딸기우유도 같은 방법으로 만들어주세요.

**디저트&음료** ★

# 말랑이랑 도넛 세트

맛있는데 예쁘기까지 한 도넛이 여기에 모두 모였어요.
도넛 박스에 담아서 친구에게 선물해보세요.

수제 도안 ▶ 119쪽

말랑이랑 도넛 세트
만드는 방법 보러 가기
6:50부터!

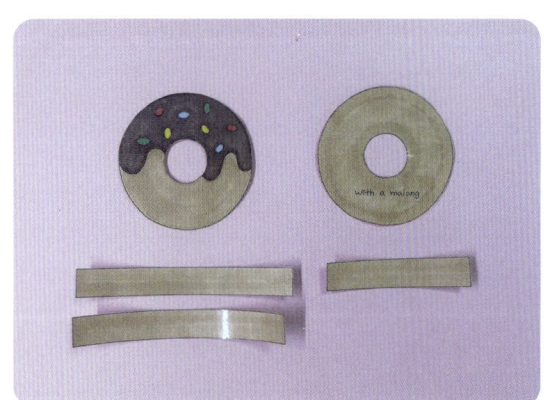

**01**

말랑이랑 도넛 도안을 테이프로 코팅 후 오려주세요. 가운데 뚫린 링도넛은 안쪽 원까지 오려주세요.

**Tip** 살짝 접어 가위로 칼집을 내준 다음 안쪽으로 오려주면 좋아요.

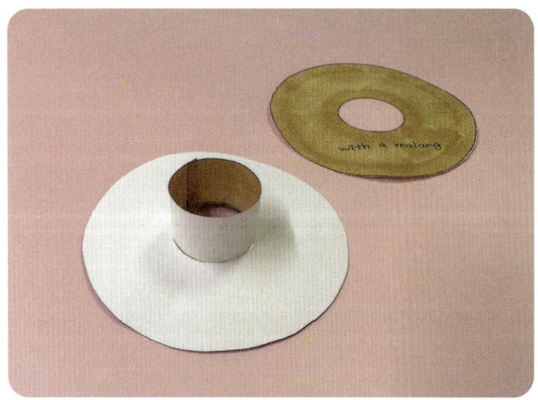

**02**

짧은 옆면을 안쪽 원에 테이프로 붙여주세요.

**03**

도넛 뒷면도 연결하여 테이프로 붙여주세요.

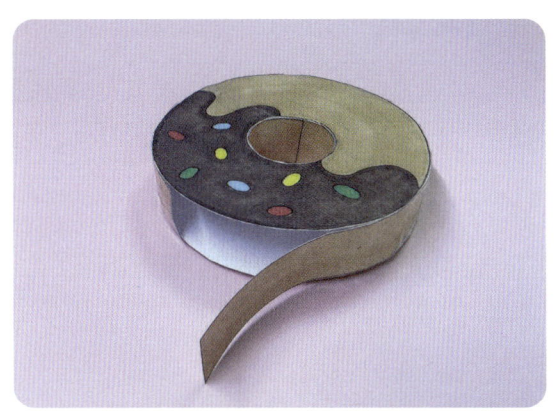

**04**

옆면 2장을 테이프로 연결 후 솜 넣을 공간을 제외하고 모두 테이프로 붙여주세요.

**05**

몽실몽실 구름솜이나 빵실빵실 방울솜을 가득 넣어주세요.

**06**

가운데가 뚫리지 않은 도넛은 과정 2를 건너뛰고 과정 4, 5대로 만들어주세요.

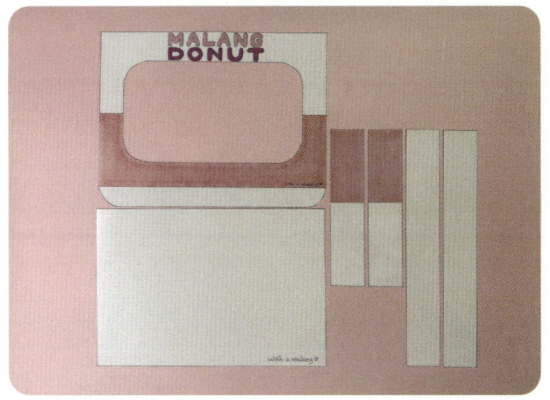

**07**

도넛박스 도안은 코팅지로 코팅하면 단단해서 더욱 좋아요.

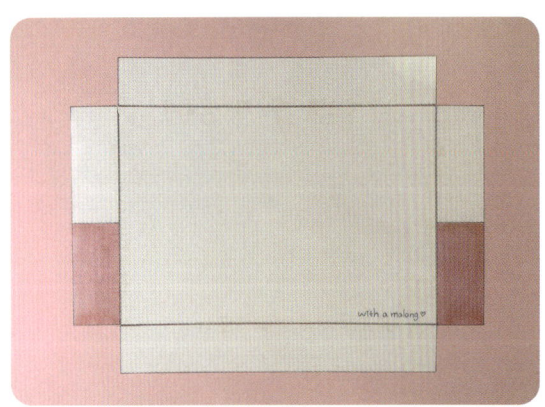

**08**

도넛박스 옆면들을 박스 뒷면의 위, 아래, 양 옆에 모두 붙여주세요.

**Tip** 1mm 정도 띄운 후 붙여주면 좋아요.

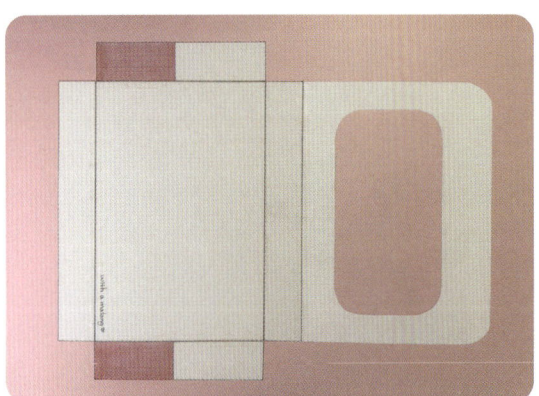

**09**

박스 뚜껑을 옆면과 연결하여 사진처럼 붙여주세요.

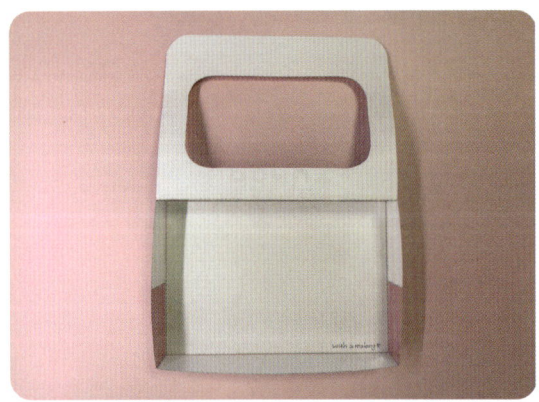

**10**

옆면을 세운 후 테이프를 붙여 세워서 고정시켜주세요.

**11**

말랑도넛들을 예쁘게 담아주세요.

**Tip** 도넛박스 뚜껑에 투명지를 붙여주면 더욱 예뻐요.

디저트&음료

# 말랑이랑 캐릭터 우유

말랑이랑 패밀리가 우유로 나왔어요?! 띠용띠용!
미니 사이즈라서 더욱 귀여워요

수제 도안 ▶ 137쪽

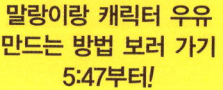
말랑이랑 캐릭터 우유
만드는 방법 보러 가기
5:47부터!

**01**

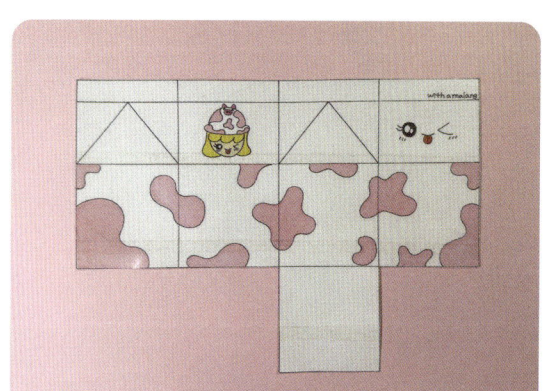

말랑이(딸기우유), 말랑맘(초코우유), 말동이(흰우유) 도안을 테이프로 코팅 후 오려주세요.

**02**

우유갑을 접듯이 선대로 접어주세요. 우유갑 마개 부분의 대각선은 안쪽으로 접어주세요.

**Tip** 바깥으로 접은 후 다시 안쪽으로 접어주면 좋아요.

**03**

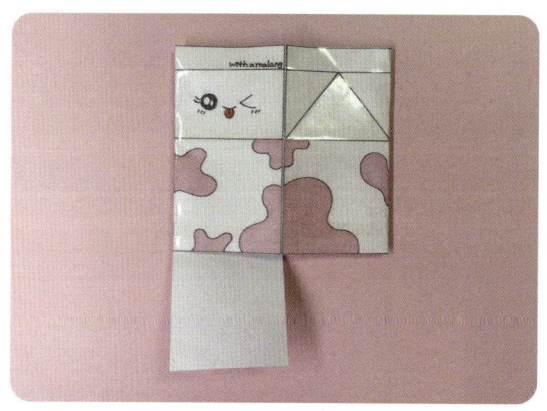

옆면의 끝과 끝을 테이프로 붙여주세요.

**04**

바닥면을 옆면에 연결하여 테이프로 붙여주세요.

**05**

몽실몽실 구름솜이나 빵실빵실 방울솜을 가득 넣어주세요.

**06**

윗부분을 테이프로 붙여주세요.

**07**

우유갑 맨 윗부분이 세워질 수 있도록 옆으로 테이프를 붙여주세요.

**08**

말랑맘(초코우유), 말둥이(흰우유)도 같은 방법으로 만들어주세요.

**디저트&음료**

# 말랑이랑 타로 버블티

동글동글 펄이 가득한 버블티를 말랑이로 만들어보세요.
빨대를 대포처럼 쏠 수도 있답니다.

수제 도안 ▶ 143쪽

33

말랑이랑 타로 버블티
만드는 방법 보러 가기
2:38부터!

**01** 버블 펄이 가득한 타로 버블티 도안을 테이프로 코팅 후 오려주세요.

**02** 버블티 몸통의 끝과 끝을 동그랗게 말아서 테이프로 붙여주세요.

**03** 펄이 그려져 있는 밑부분을 몸통에 테이프로 연결시켜 붙여주세요.

**Tip** 둥근 면을 붙일 때 테이프를 여러 조각으로 잘라서 붙여주면 좋아요.

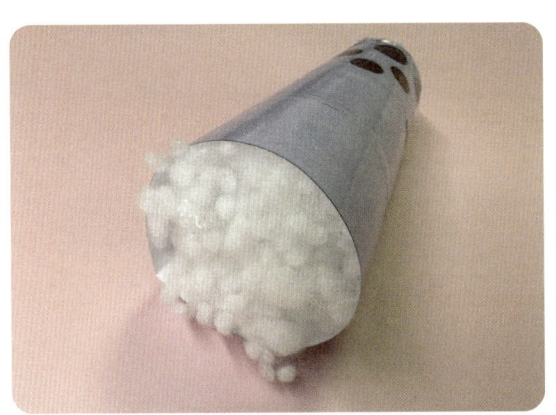

**04**

몽실몽실 구름솜이나 빵실빵실 방울솜을 가득 넣어주세요.

**05**

윗부분도 몸통에 연결시켜 테이프로 붙여주세요.

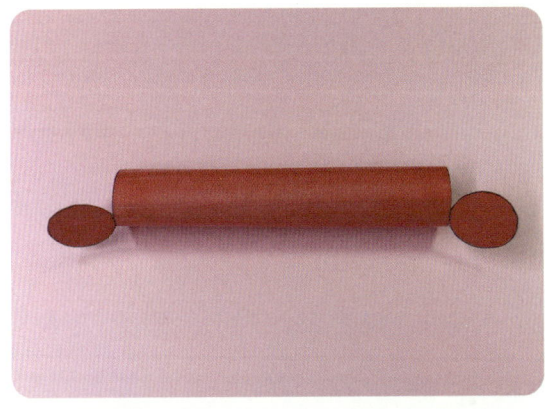

**06**

빨대 도안은 끝과 끝을 동그랗게 말아준 후 테이프로 붙여주세요.

**Tip** 도안을 연필로 동그랗게 한 번 말아주면 테이프 붙일 때 더욱 쉬워요.

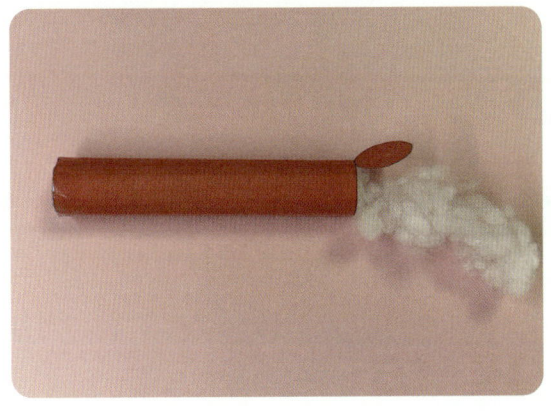

**07**

한쪽은 테이프로 붙이고 다른 한쪽으로 솜을 넣어주세요.

35

**08**

다른 한쪽도 테이프로 붙여주세요.

**09**

빨대가 들어갈 수 있도록 칼이나 가위로 몸통 윗부분에 칼집을 내어주세요.

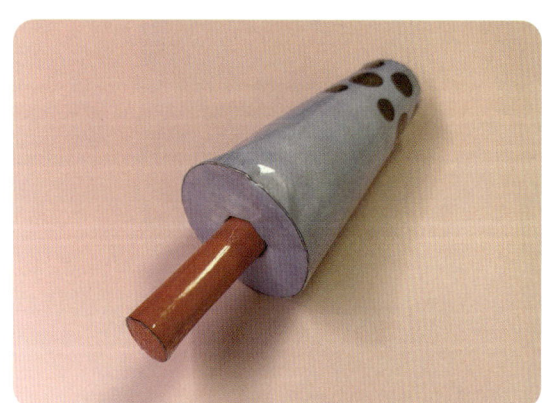

**10**

칼집이 난 곳에 빨대 스퀴시를 톡 꽂아주면 완성!

**디저트&음료**

# 말랑이랑 탕후루

바삭바삭한 설탕옷을 한입 깨물면 과일의 과즙과 어우러져 입안에서 사르르~
스퀴시북을 열면 수제 탕후루 재료들이 짜르륵!

수제 도안 ▶ 147쪽

말랑이랑 탕후루
만드는 방법 보러 가기
1:21부터!

**01** 말랑 탕후루 도안을 테이프 또는 코팅지로 코팅 후 오려주세요.

**02** 스퀴시북 도안 2장은 선을 따라 반으로 접어 주세요.

**03** 솜 넣을 공간을 제외하고 앞면과 뒷면을 테이프로 모두 붙여주세요.

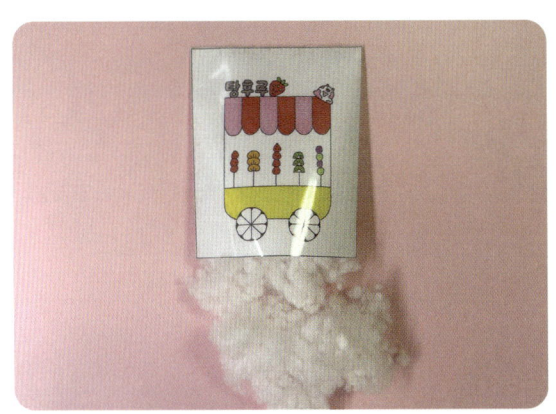

### 04

솜은 약 70% 넣고 솜구멍도 테이프로 붙여주세요.

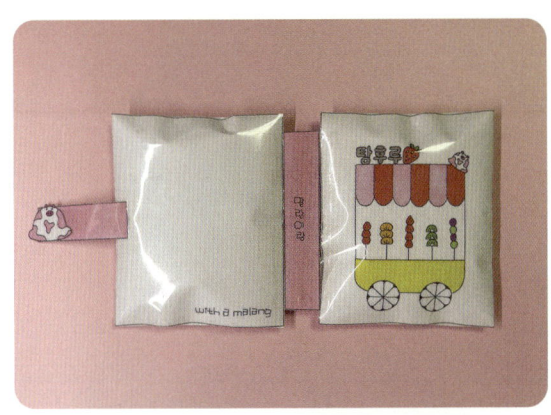

### 05

완성된 2개의 스퀴시 가운데에 연결 부분을 붙여 2개를 책처럼 연결해주고 열고 닫을 수 있도록 손잡이도 붙여주세요.

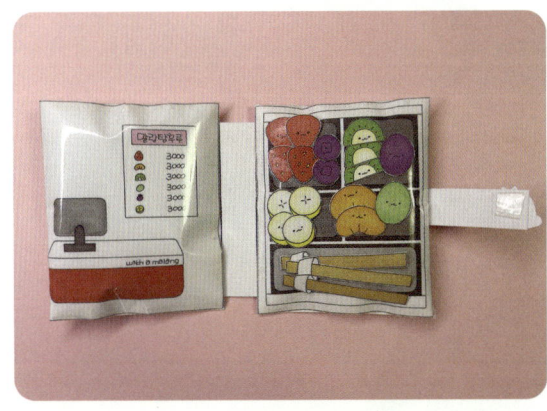

### 06

맛있는 과일들을 보관함에 붙여주세요.

### 07

막대에 내가 좋아하는 과일들을 붙여서 맛있고 귀여운 탕후루를 만들어주세요.

요리 ★

# 말랑이랑 삼각김밥

이렇게 귀여운 삼각김밥은 처음이야!
오늘 간식은 김모자를 쓴 삼김 한입 어떠세요?

수제 도안 ▶ 153쪽

# HOW TO MAKE

말랑이랑 삼각김밥
만드는 방법 보러 가기
3:01부터!

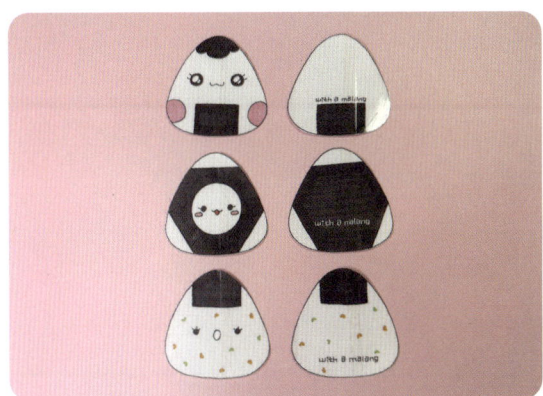

**01**

말랑 삼각김밥 삼총사 도안을 테이프로 코팅 후 오려주세요.

**02**

솜 넣을 공간을 제외하고 삼각김밥의 앞면과 뒷면을 테이프로 모두 붙여주세요.

**03**

몽실몽실 구름솜이나 빵실빵실 방울솜을 넣어주세요.

**04**

솜구멍도 테이프로 붙여주세요.

**05**

나머지 삼각김밥들도 같은 방법으로 만들어 주세요.

 요리

# 찜통 속 미니 초밥

귀여운 애 옆에 또 귀여운 애! 찜통까지 완벽하잖아!
연어초밥, 미니 삼각김밥, 새우튀김초밥 삼총사 모두 찜통 속에 쏘~옥!

수제 도안 ▶ 155쪽

## 01

표정이 귀여운 연어초밥, 미니 삼각김밥, 새우튀김초밥 미니 초밥 삼총사 도안을 테이프로 코팅 후 오려주세요.

## 02

솜 넣을 공간을 제외하고 초밥의 앞면과 뒷면을 테이프로 모두 붙여주세요.

**Tip** 둥근 면은 테이프를 여러 조각으로 잘라서 붙여주면 좋아요.

## 03

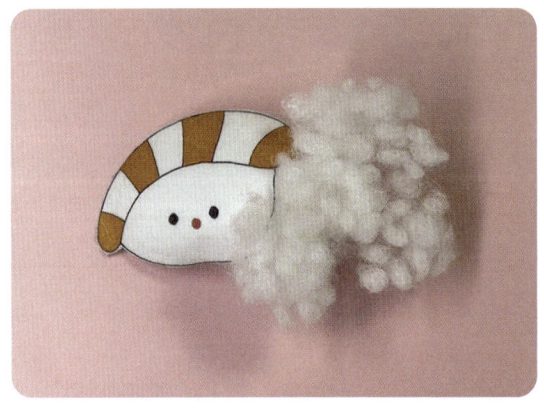

몽실몽실 구름솜이나 빵실빵실 방울솜을 넣어주세요.

**04**

솜구멍도 테이프로 붙여주세요.

**05**

미니 삼각김밥과 새우튀김초밥도 같은 방법으로 만들어주세요.

**06**

초밥 삼총사들을 넣을 수 있는 찜통 도안은 테이프 또는 코팅지로 코팅 후 오려주세요.

**07**

찜통의 옆면 2개는 테이프로 붙여서 연결해 주세요.

**08**

찜통 바닥에 옆면을 테이프로 붙여주세요.

**Tip** 둥근 면은 테이프를 여러 조각으로 잘라서 붙여주면 좋아요.

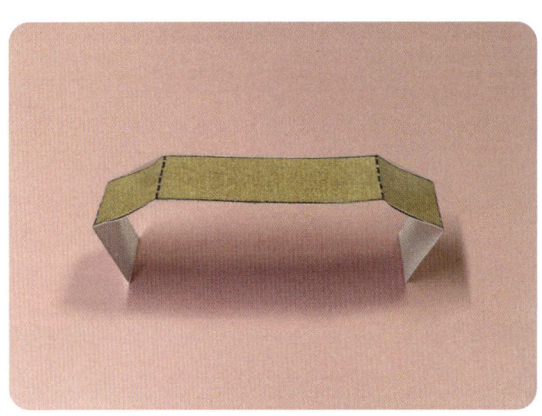

**09**

손잡이는 'ㄷ' 모양이 되도록 선대로 접어주세요.

**10**

찜통 뚜껑의 가운데에 손잡이를 테이프로 붙여주세요.

**11**

미니 초밥 삼총사들을 찜통에 예쁘게 담아주면 완성!

 **캐릭터** ★

# 망토 입은 곰돌이

곰돌이가 망토를 입었어요. 그럼 더 귀여워지잖아!
입고 벗을 수 있는 망토가 귀여움을 더해줘요.

**수제 도안 ▶ 161쪽**

망토 입은 곰돌이
만드는 방법 보러 가기
0:31부터!

### 01
귀여운 곰돌이와 망토옷 도안을 테이프로 코팅 후 오려주세요.

### 02
솜 넣을 공간을 제외하고 곰돌이의 앞면과 뒷면을 테이프로 모두 붙여주세요.

**Tip** 둥근 면은 테이프를 여러 조각으로 잘라서 붙여주면 좋아요.

### 03
솜을 가득 넣어주고 솜구멍은 테이프로 붙여주세요.

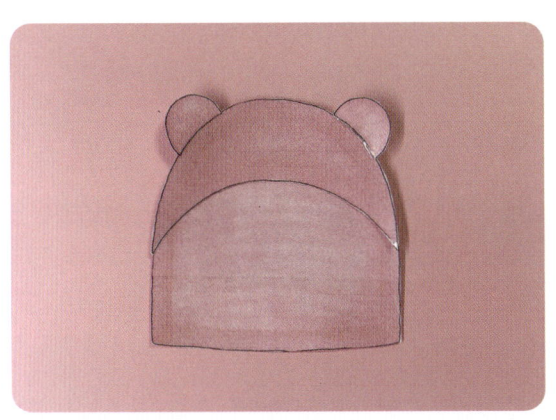

**04**

망토 윗부분에 모자를 붙이고 그 위에 곰돌이 귀도 붙여주세요.

**05**

곰돌이에게 망토 옷을 입혀주면 완성!

**06**

노랑 곰돌이도 똑같은 방법으로 만들어주세요.

**캐릭터**

# 오리 말랑이

꽥~ 꽥~ 소리는 안 나지만 푸슝푸슝 기분 좋은 소리가 나는 오리 말랑이!
누를 때마다 팔과 다리가 팔랑팔랑 귀여워요.

**수제 도안 ▶ 165쪽**

오리말랑이
만드는 방법 보러 가기
2:37부터!

**01**

오리의 몸통, 팔, 다리 도안을 테이프로 코팅 후 오려주세요.

**02**

솜 넣을 공간을 제외하고 오리 몸통의 앞면과 뒷면을 테이프로 붙여주세요.

**Tip** 둥근 면은 테이프를 여러 조각으로 잘라서 붙여주면 좋아요.

**03**

몽실몽실 구름솜이나 빵실빵실 방울솜을 가득 넣어주세요.

**04**

솜구멍도 테이프로 붙여주세요.

**05**

오리 몸통에 팔과 다리를 테이프로 붙여주면 완성!

**캐릭터**

# 아보카도 팝잇

아보카도 맛은 호불호가 갈리지만 아보카도 팝잇은 호! 호! 호!
귀여운 표정이 그려진 씨를 똑딱똑딱 누를 때마다 스트레스가 팡팡 날아가요!

**수제 도안 ▶ 167쪽**

아보카도 팝잇
만드는 방법 보러 가기
2:05부터!

**01**

아보카도 앞면, 뒷면, 아보카도 씨 도안을 테이프로 코팅 후 오려주세요. 귀여운 표정이 그려진 아보카도 씨는 뒷면도 코팅해주세요.

**02**

씨가 들어갈 아보카도 앞면, 뒷면의 안쪽 동그란 원을 오려주세요.

**Tip** 살짝 접어 가위로 칼집을 내준 다음 구멍에 칼 끝을 넣어 안쪽만 오려주면 좋아요.

**03**

점선대로 절반만 오려준 다음 점선까지 말아서 테이프로 붙여주면 씨(팝잇) 완성!

**04**

아보카도 앞면에 씨(팝잇)를 테이프로 붙여주세요.

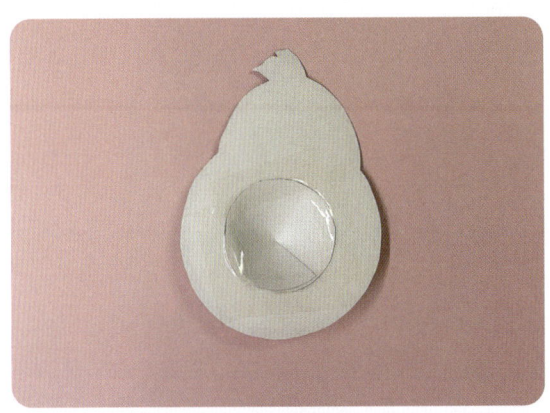

**05**

앞면의 뒷부분에 씨(팝잇)를 테이프를 한 번 더 붙여서 고정시켜주세요.

**06**

뒷면을 풀로 붙여주세요.

**07**

뚝딱뚝딱! 재밌고 귀여운 아보카도 팝잇 완성!

캐릭터 ★

# 우주복 입은 우주인

우주복을 입었다 벗었다 하는 귀여운 우주인들! 말랑이도 옷을 입을 수 있답니다.

**수제 도안** ▶ 169쪽

 HOW TO MAKE

우주복 입은 우주인
만드는 방법 보러 가기
2:09부터!

### 01
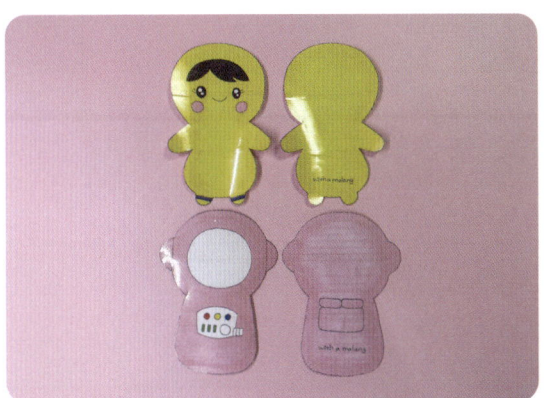

귀여운 우주인과 우주복 도안을 테이프로 코팅 후 오려주세요.

### 02
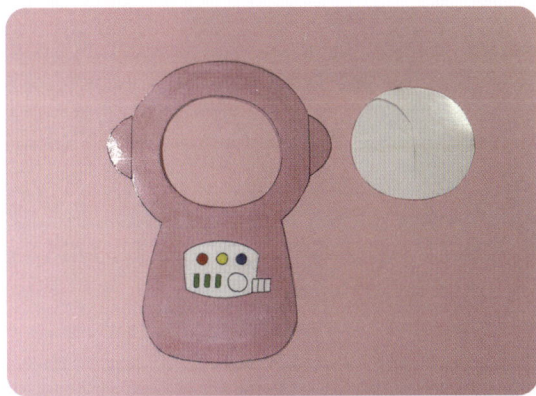

우주인의 얼굴이 들어갈 가운데 원은 가위로 오려주세요.

**Tip** 살짝 접어 가위로 칼집을 내준 다음 구멍에 가위 끝을 넣고 안쪽으로 오려주면 좋아요.

### 03

솜 넣을 공간을 제외하고 우주인의 앞면과 뒷면을 테이프로 모두 붙여주세요.

**Tip** 둥근 면은 테이프를 여러 조각으로 잘라서 붙여주면 좋아요.

**04**

몽실몽실 구름솜이나 빵실빵실 방울솜을 가득 넣어주세요.

**05**

솜구멍도 테이프로 붙여주세요.

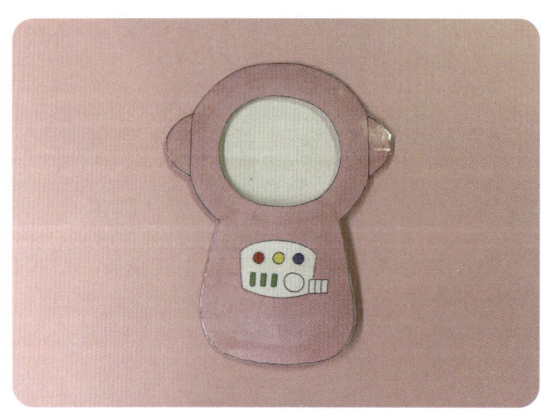

**06**

우주복 앞면, 뒷면을 윗부분만 테이프로 붙여주세요.

**Tip** 머리 부분에 볼록하게 나온 귀 모양까지 붙여주면 좋아요.

**07**

귀여운 우주인에게 만든 우주복을 입혀주면 완성!

**08**

다른 우주인도 같은 방법으로 만들어주세요.

**캐릭터** ★

# 완두콩 팝잇

각자 개성이 넘치는 완두콩 삼총사가 왔어요.
첫째 두콩이, 둘째 두콩이, 셋째 두콩이를 톡톡 티트려보세요!

**수제 도안 ▶ 177쪽**

### 01

완두콩 도안을 테이프로 코팅 후 오려주세요.
표정이 그려진 완두콩들은 뒷면도 코팅해주세요.

### 02

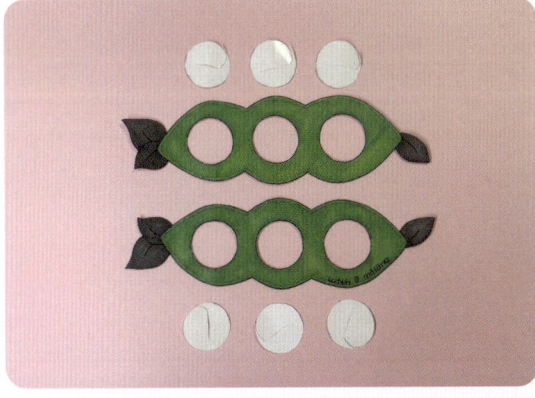

완두콩들이 들어갈 안쪽 원들을 가위로 오려주세요.

**Tip** 살짝 접어 가위로 칼집을 내준 다음 구멍에 칼 끝을 넣어 안쪽만 오려주면 좋아요.

### 03

완두콩은 선대로 반절 오려준 다음 점선까지 말아서 테이프로 붙여주면 완두콩 팝잇 완성!

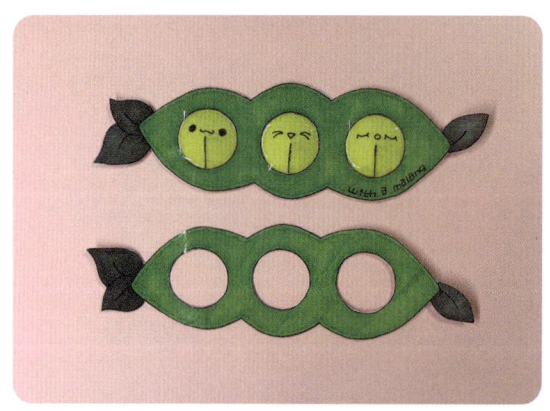

**04**

앞면에 완두콩 팝잇 삼총사들을 테이프로 붙여주세요.

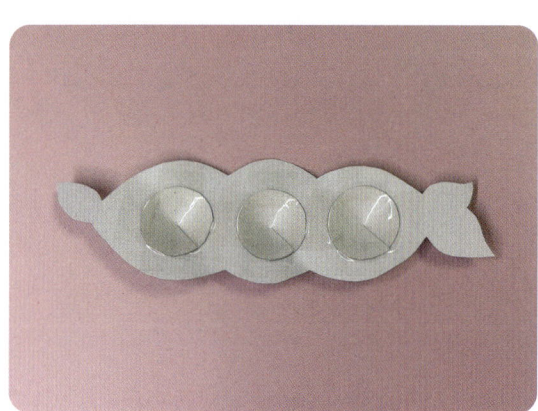

**05**

앞면의 뒷부분에 완두콩(팝잇)들을 테이프를 한 번 더 붙여서 고정시켜주세요.

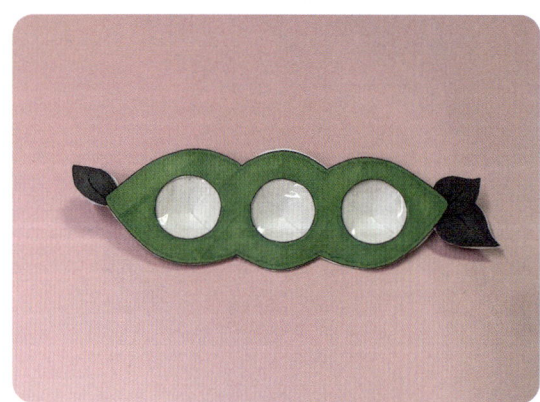

**06**

뒷면을 풀로 붙여주세요.

**07**

뚝딱뚝딱! 재밌고 귀여운 완두콩 팝잇 완성!

 캐릭터 ★

# 하리뽀 곰돌이

어릴 때 가장 좋아한 간식은 곰젤리!
색깔별로 맛이 달라서 골라 먹는 재미가 있는 것처럼 곰돌이 말랑이도 색깔별로 즐겨보세요.

수제 도안 ▶ 179쪽

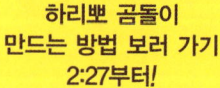
하리뽀 곰돌이
만드는 방법 보러 가기
2:27부터!

### 01

핑크 곰돌이, 노랑 곰돌이, 파랑 곰돌이, 초록 곰돌이 도안을 테이프로 코팅 후 오려주세요.

### 02

솜 넣을 공간을 제외하고 곰돌이의 앞면과 뒷면을 테이프로 붙여주세요.

**Tip** 둥근 면은 테이프를 여러 조각을 잘라서 붙여주면 좋아요.

### 03

몽실몽실 구름솜이나 빵실빵실 방울솜을 가득 넣어주세요.

**04**

솜구멍도 테이프로 붙여주면 귀엽고 깜찍한 젤리 곰돌이 말랑이 완성!

**05**

핑크 곰돌이, 파랑 곰돌이, 초록 곰돌이도 같은 방법으로 만들어주세요.

**기타**

# 키보드 퍼즐

키보드 키들이 말랑이로 변신! 키 모양이 마치 테트리스 같아요.
박스에 담을 때는 퍼즐처럼 맞춰보세요!

수제 도안 ▶ 187쪽

키보드 퍼즐
만드는 방법 보러 가기
3:33부터!

**01**

키보드 퍼즐 도안을 테이프로 코팅 후 오려주세요.

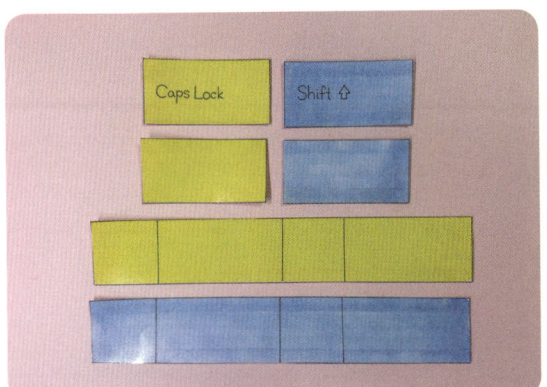

**02**

입체로 만들어줄 옆면 도안은 선대로 접어주세요.

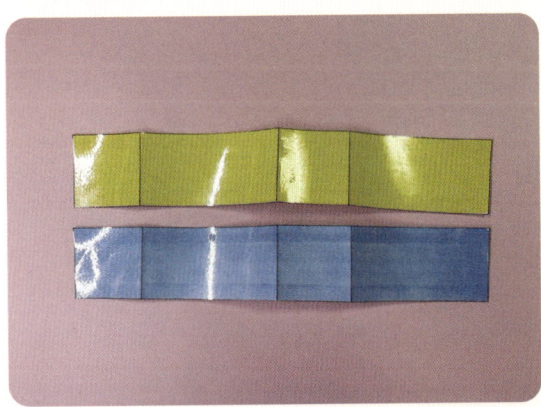

**03**

접어준 옆면에 키보드 퍼즐의 앞면과 뒷면을 테이프로 붙여주세요.

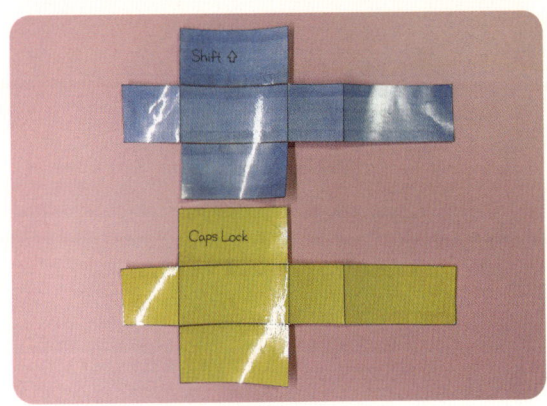

67

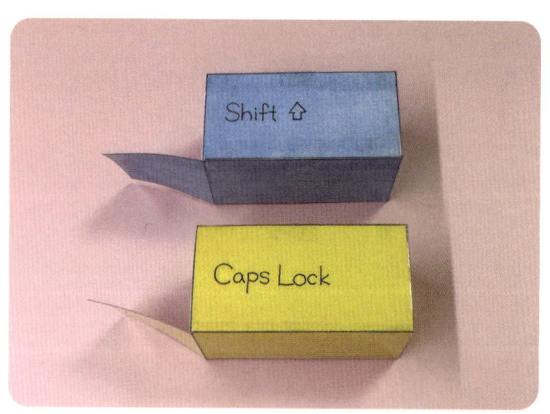

**04**

솜 넣을 공간을 제외하고 키보드의 앞면, 뒷면, 옆면을 모두 테이프로 붙여주세요.

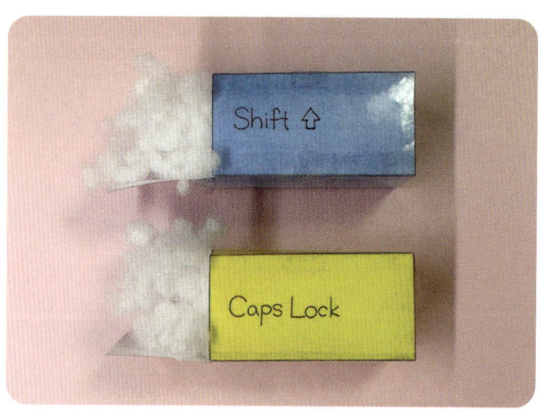

**05**

몽실몽실 구름솜이나 빵실빵실 방울솜을 가득 넣어주세요.

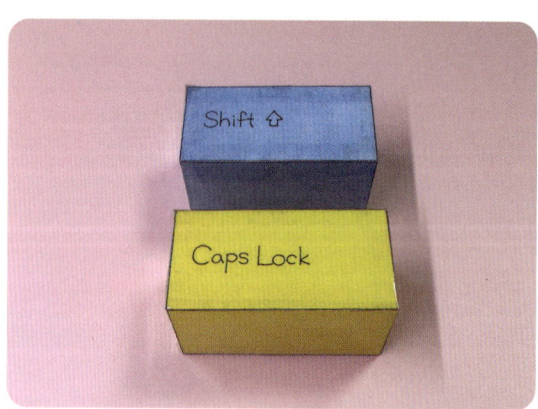

**06**

솜구멍도 테이프로 붙여주세요.

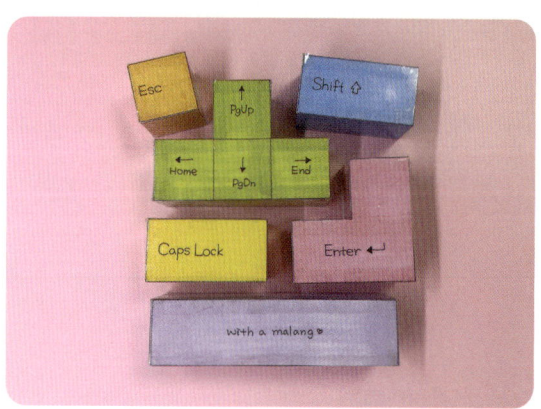

**07**

다른 키보드 퍼즐들도 같은 방법으로 만들어 주세요.

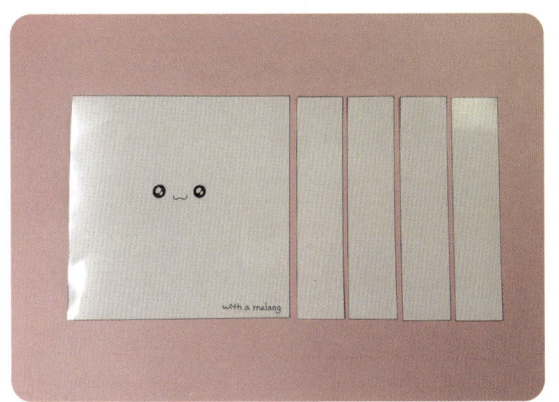

**08**

퍼즐들을 넣을 케이스 도안은 코팅지로 코팅하면 단단해서 더욱 좋아요!

**09**

귀여운 표정이 그려진 케이스 바닥면에 옆면들을 양옆, 위, 아래 모두 붙여주세요.

**10**

옆면이 잘 세워질 수 있게 면과 면을 테이프로 붙여주세요.

**11**

키보드 퍼즐 스퀴시들을 케이스에 테트리스 하듯이 예쁘게 담아주면 완성!

기타 ★

# 펫 아이스크림 가게 스퀴시북

말동이가 아이스크림 가게에 놀러왔어요!
말동이 친구들도 놀러왔네요.

수제 도안 ▶ 197쪽

 HOW TO MAKE

펫 아이스크림 가게 스퀴시북
만드는 방법 보러 가기
0:52부터!

**01**
펫 아이스크림 가게 도안들을 코팅 후 오려주세요. 귀여운 동물들은 뒷면도 코팅해주세요.

**02**
아이스크림 가게 도안은 솜 넣을 공간을 제외하고 앞면과 뒷면을 모두 테이프로 붙여주세요.

**Tip** 둥근 면은 테이프를 여러 조각으로 잘라서 붙여주면 좋아요.

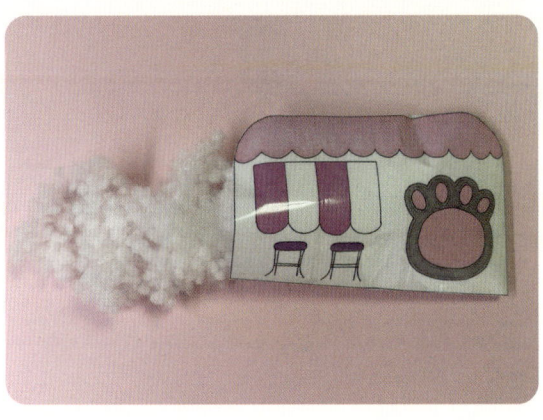

**03**
몽실몽실 구름솜이나 빵실빵실 방울솜을 약 70% 넣어주고 솜구멍을 테이프로 붙여주세요.

71

### 04

가게 문이 될 도안 2장은 선을 따라 반으로 접어준 다음, 솜 넣을 공간을 제외하고 테이프로 모두 붙여주세요.

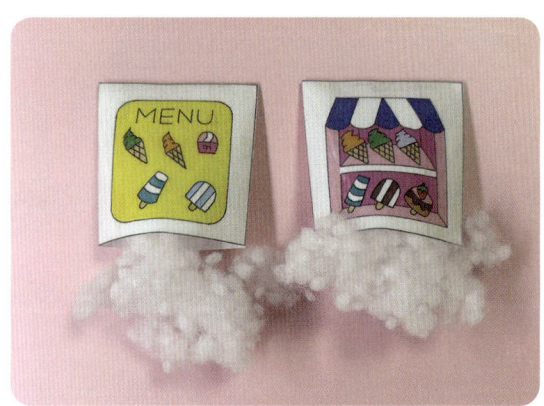

### 05

몽실몽실 구름솜이나 빵실빵실 방울솜을 약 70% 넣어주고 솜구멍을 테이프로 붙여주세요.

### 06

양쪽 문에 아이스크림 가게와 연결시켜줄 옆면을 테이프로 붙여주세요.

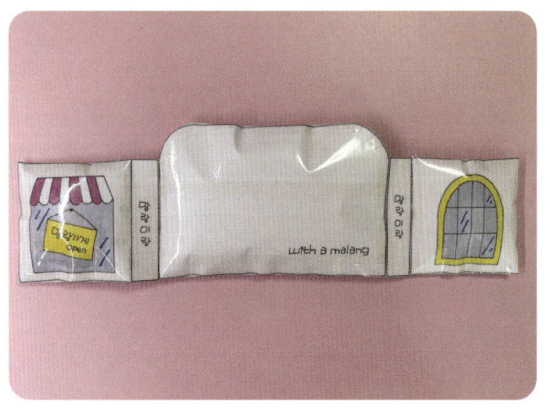

### 07

아이스크림 가게에 양쪽 문을 연결해서 붙여주세요.

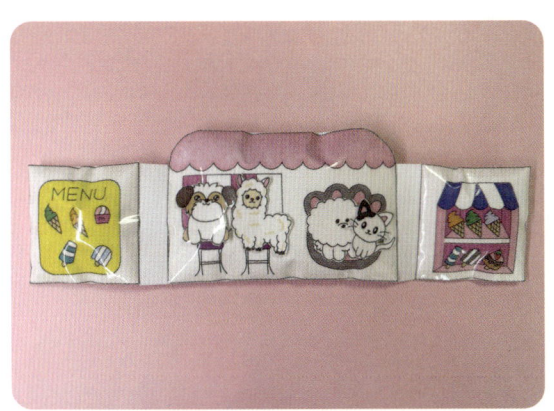

**08**

손님이 될 귀여운 동물들을 아이스크림 가게 안에 자유롭게 붙여주세요.

**09**

양쪽 문을 닫고 싶을 때는 양면테이프로 붙여주세요.

## 선물 말랑이

선물상자 그대로 말랑말랑~ 푹신푹신~
크리스마스에 트리 밑에 놓아두면 정말 예쁘답니다.

**수제 도안 ▶ 201쪽**

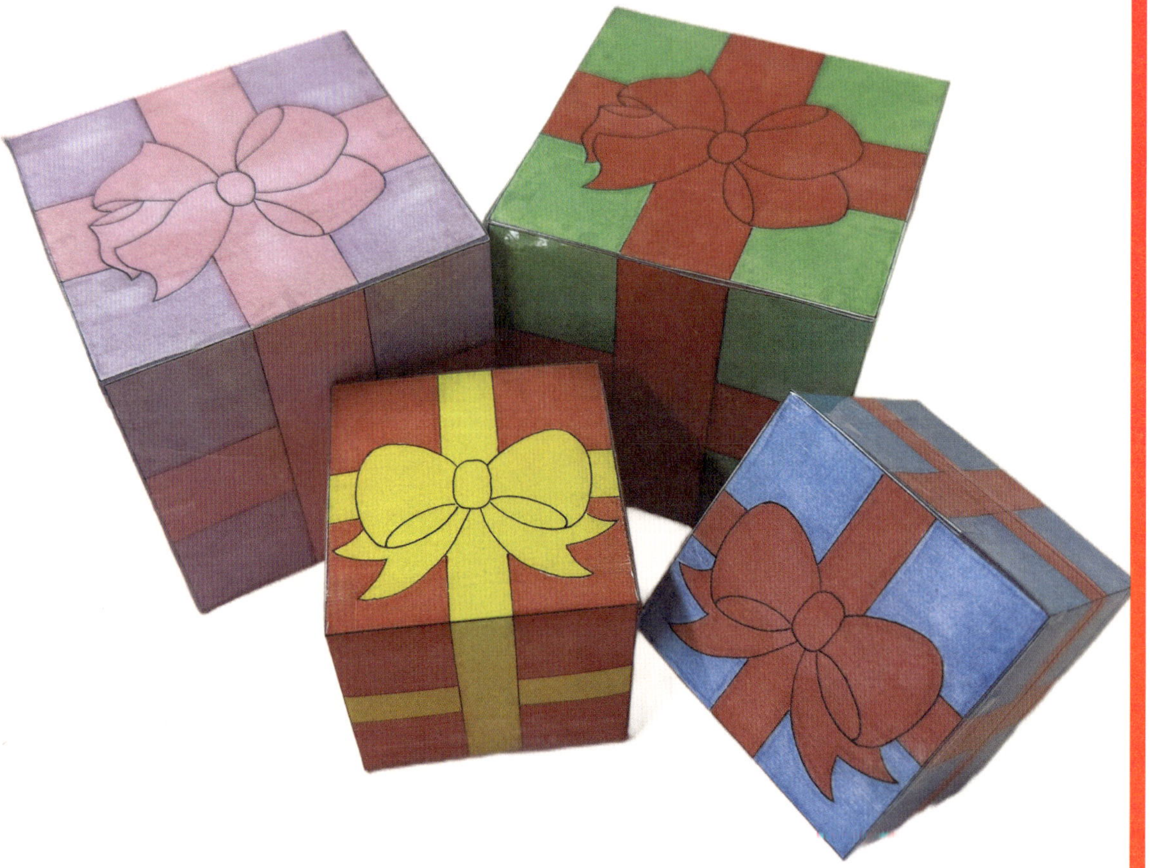

선물 말랑이
만드는 방법 보러 가기
3:44부터!

**01** 선물상자 도안을 테이프로 코팅 후 오려주세요.

**02** 상자를 접듯이 선대로 접어주세요.

**03** 솜을 넣을 상자의 윗부분을 제외하고 모두 테이프로 붙여주세요. 밑부분이 따로 그려진 큰 선물 도안은 테이프로 밑부분을 따로 붙여주세요.

**04**

몽실몽실 구름솜이나 빵실빵실 방울솜을 가득 넣어주세요.

**05**

선물상자 윗부분도 테이프로 붙여주면 폭신폭신한 선물상자 말랑이 완성!

**06**

다른 선물상자들도 같은 방법으로 만들어주세요. 알록달록 선물상자들을 책상 위나 트리 밑에 장식해두면 정말 예쁘답니다!

# 말랑이랑 수제 도안

말랑이랑 거래판
만들기 ▶ 8쪽

with a malang

with a malang

Dzienia

with a malang

딸기아이스

with a malang

대조이감

with a malang

다joltt

with a malang

다리오다

with a malang

Dzisiaj

# 말랑이랑 캐릭터 거래판
만들기 ▶ 12쪽

with a malang

with a malang

다리오가

with a malang

미로이다

with a malang

댕기머리

with a malang

반가워요

with a malang

답지아요?

with a malang

Dizzio12!

말랑이랑 통째로 거래판
만들기 ▶ 16쪽

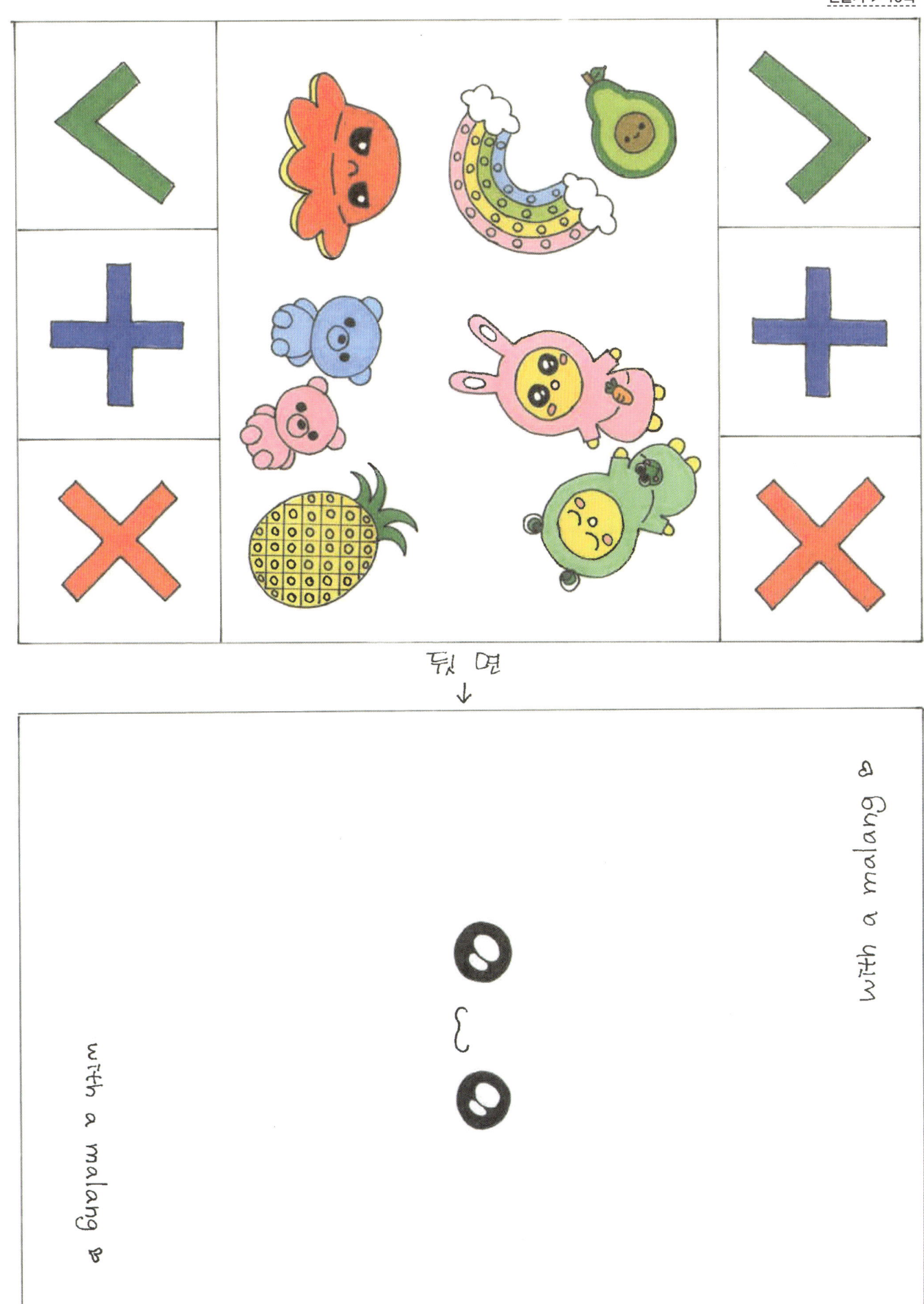

뒷면
↓

107

말랑이랑 케이크 세트
만들기 ▶ 19쪽

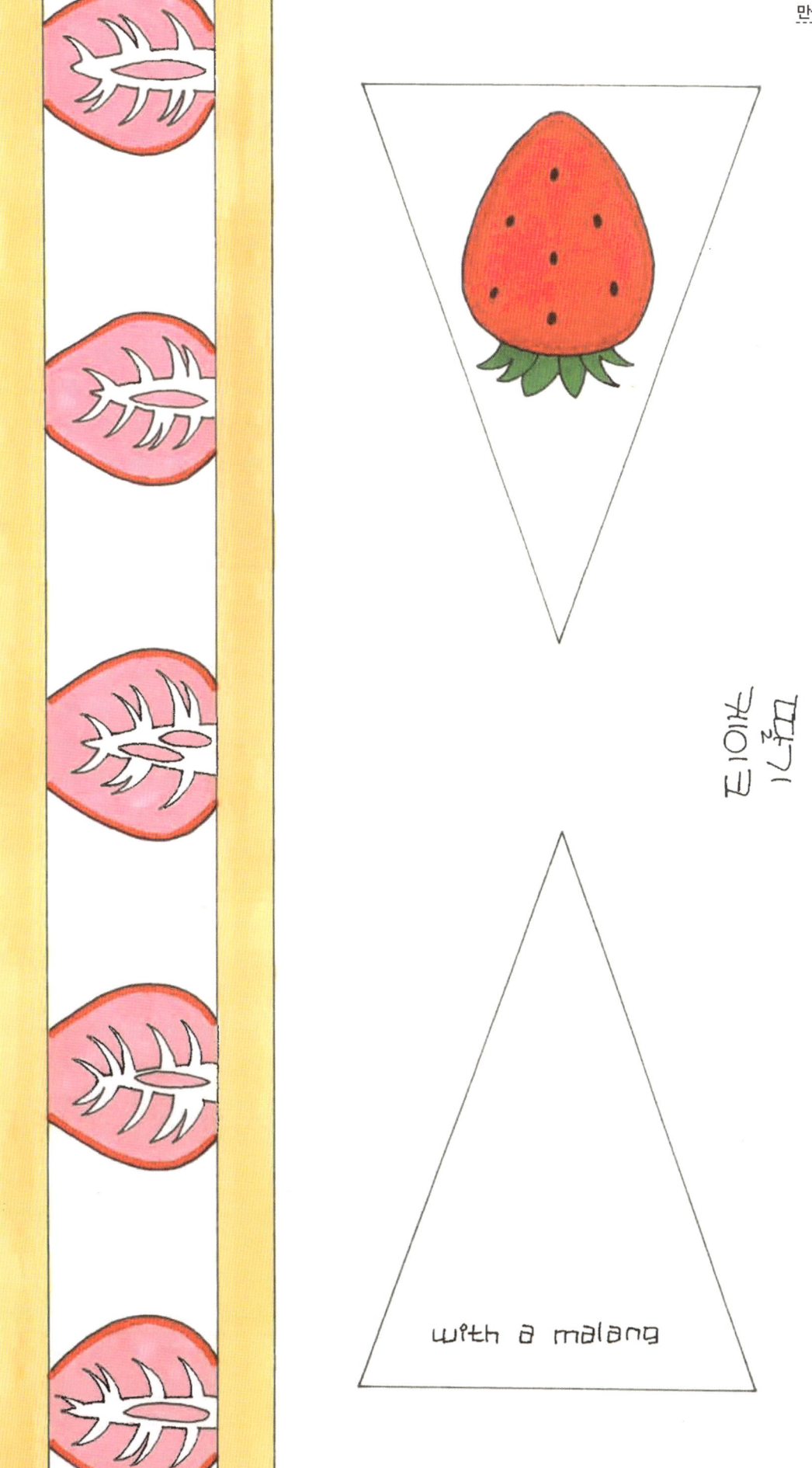

109

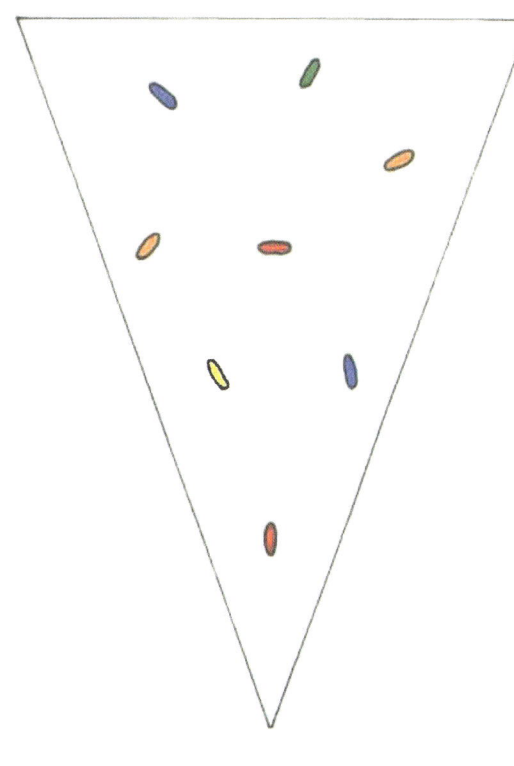

파티모자

with a malang

티어 포켓

## 말랑이랑 우유
**만들기 ▶ 22쪽**

말랑이랑 도넛 세트
만들기 ▶ 25쪽

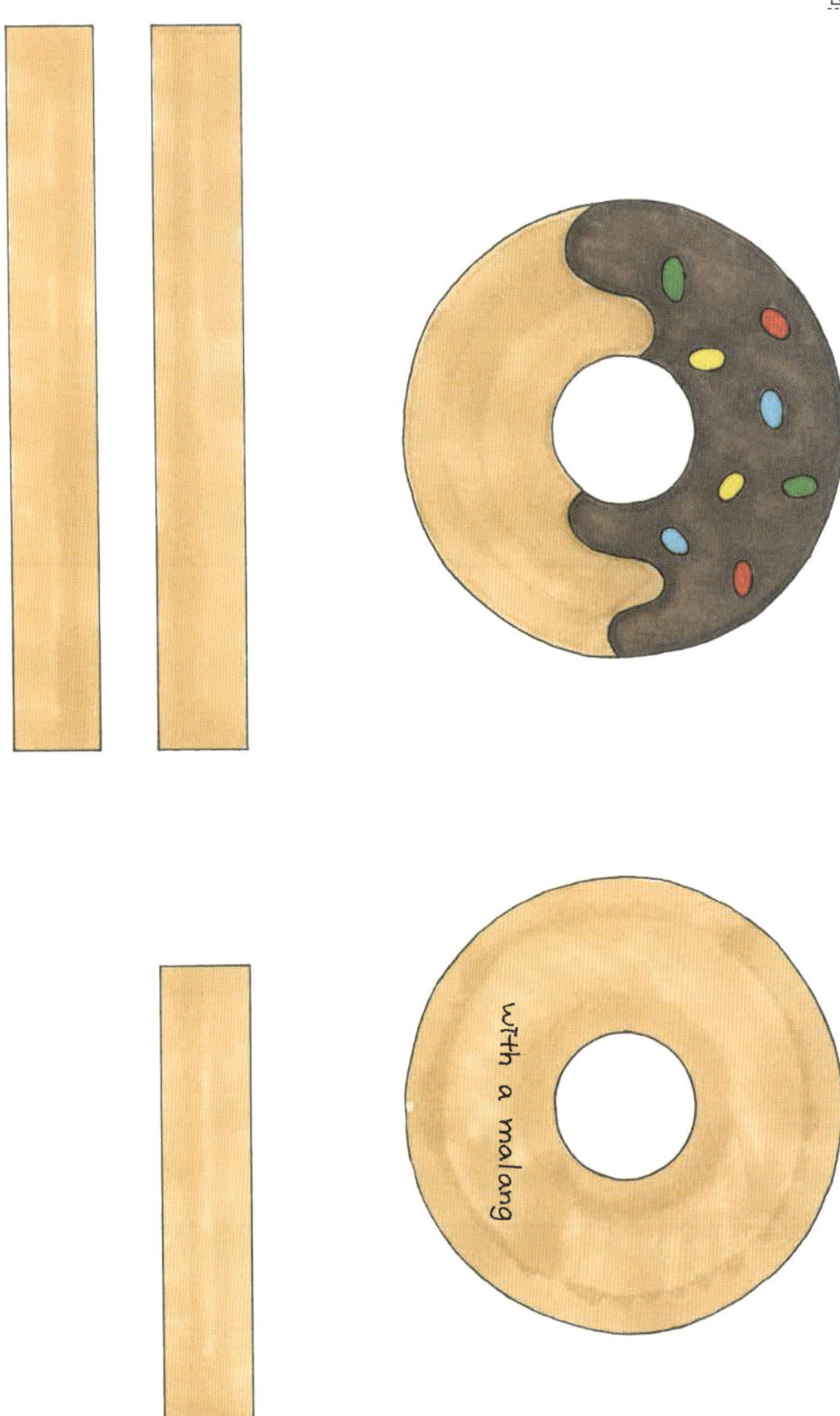

119

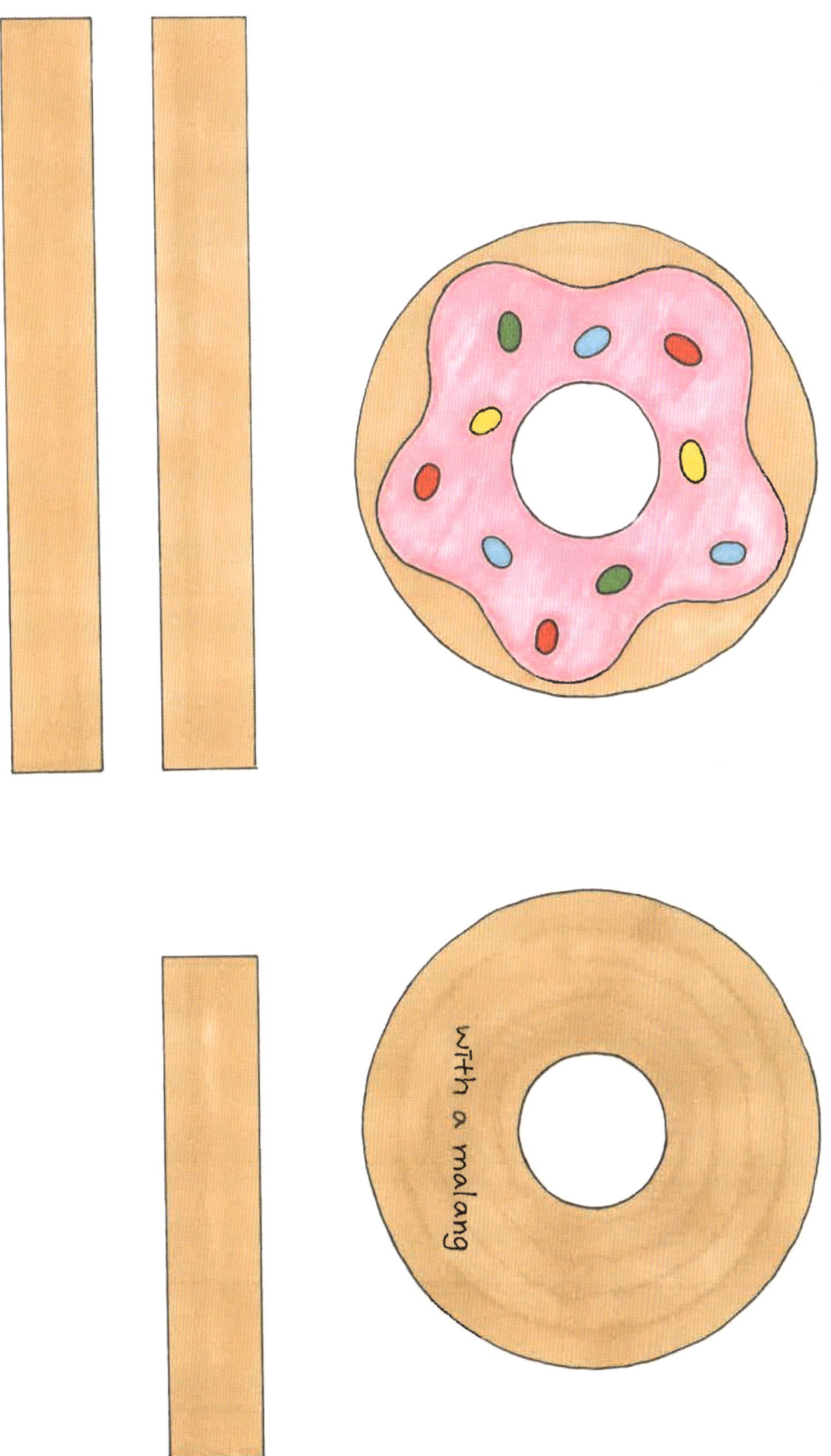

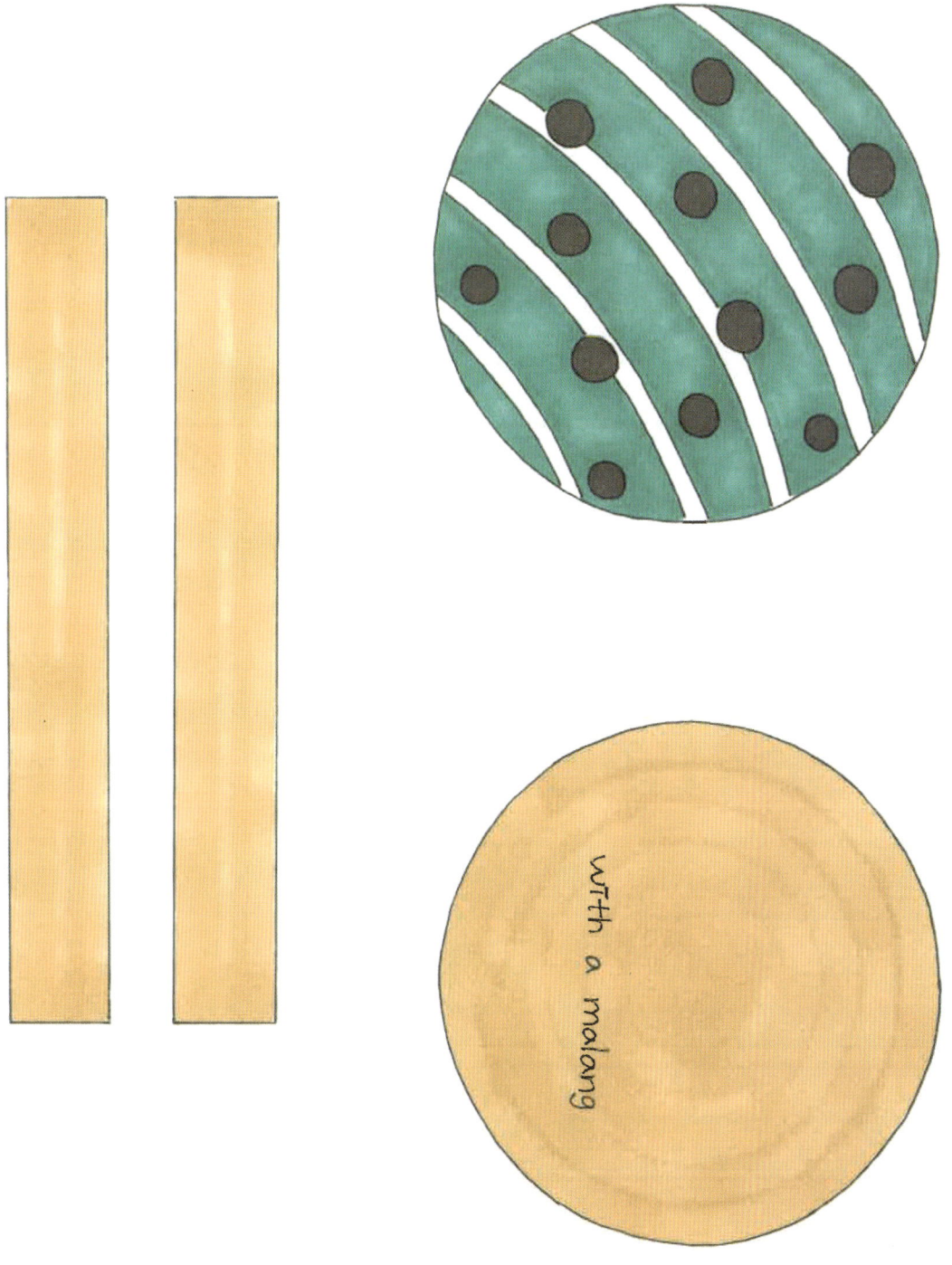

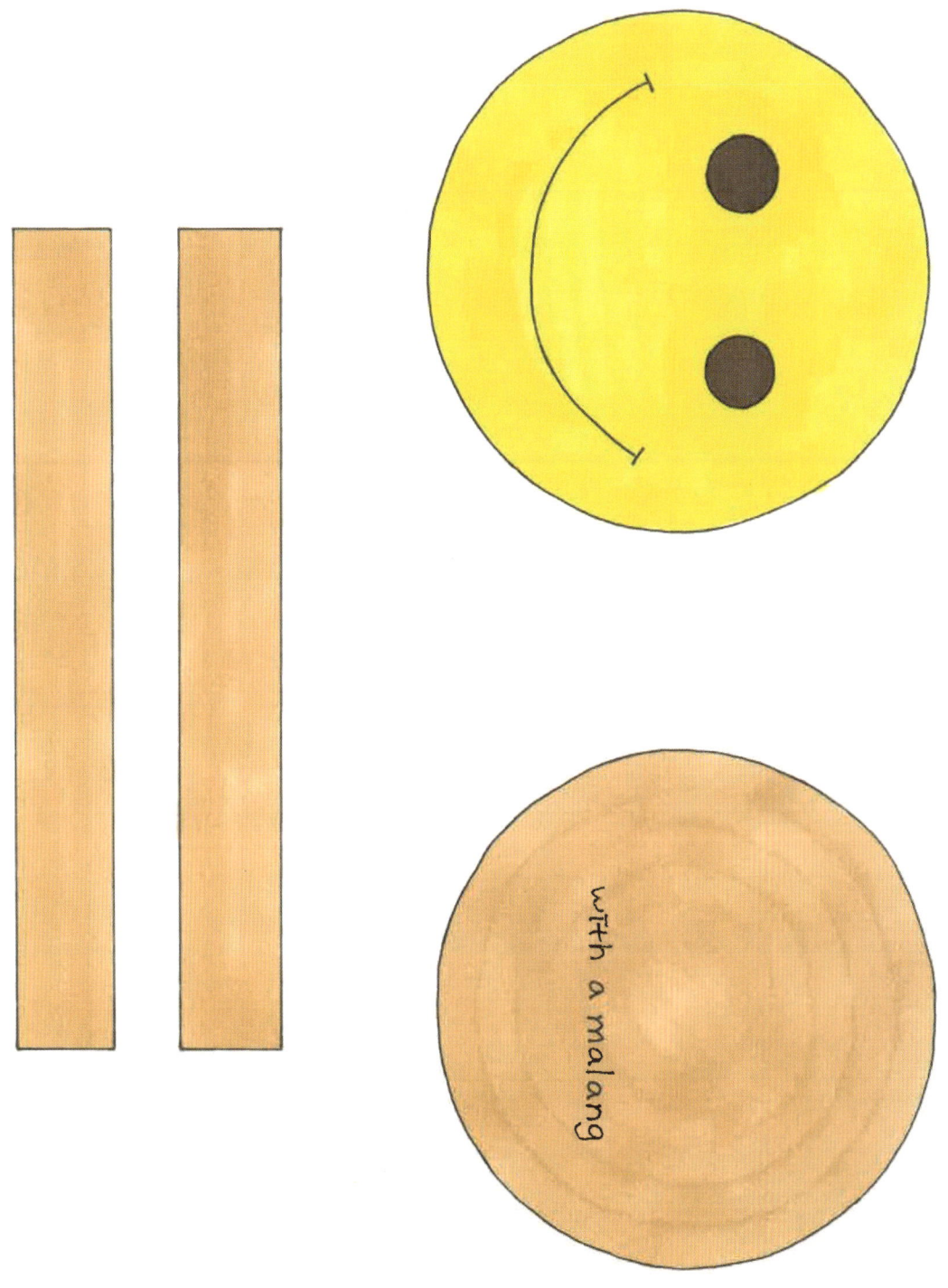

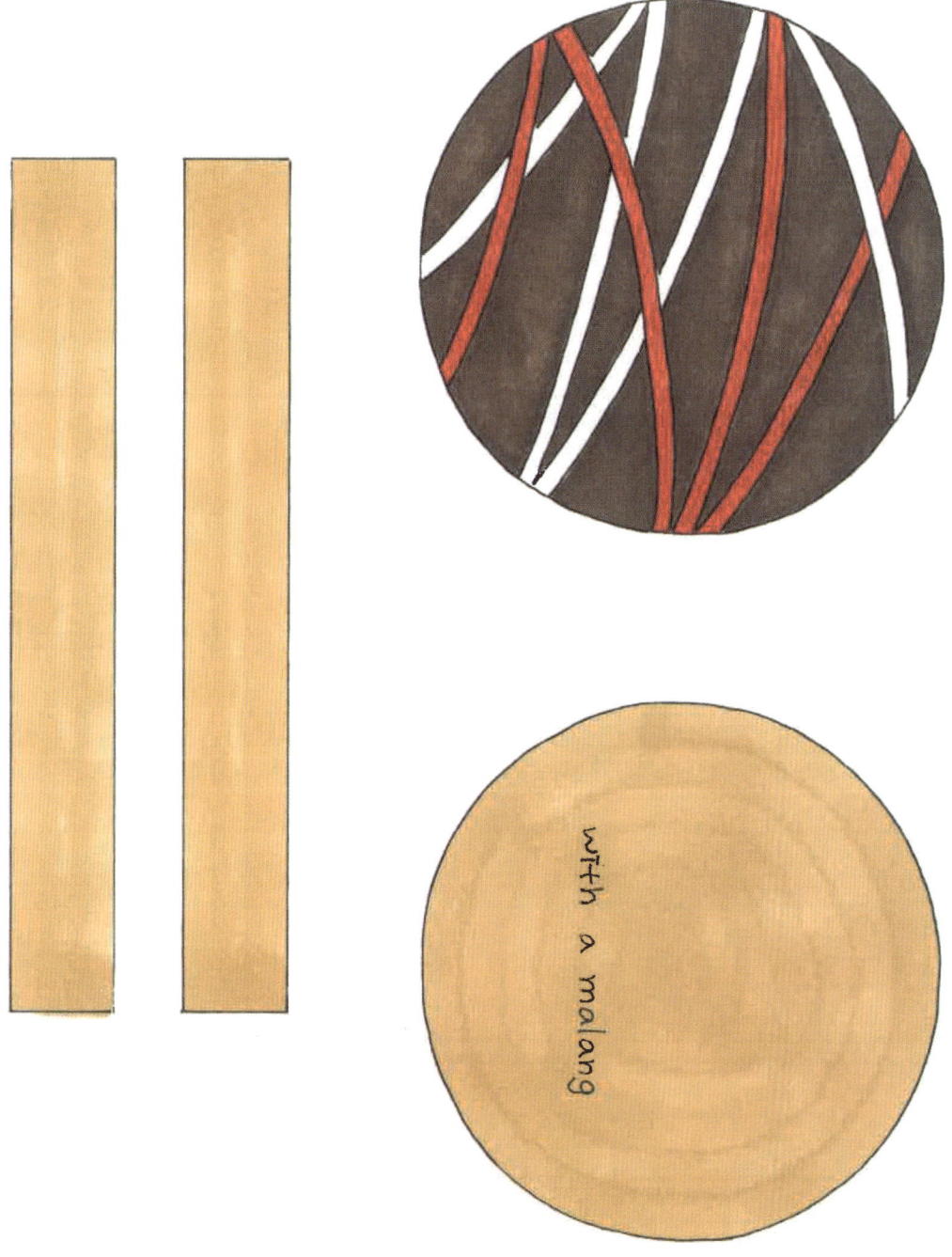

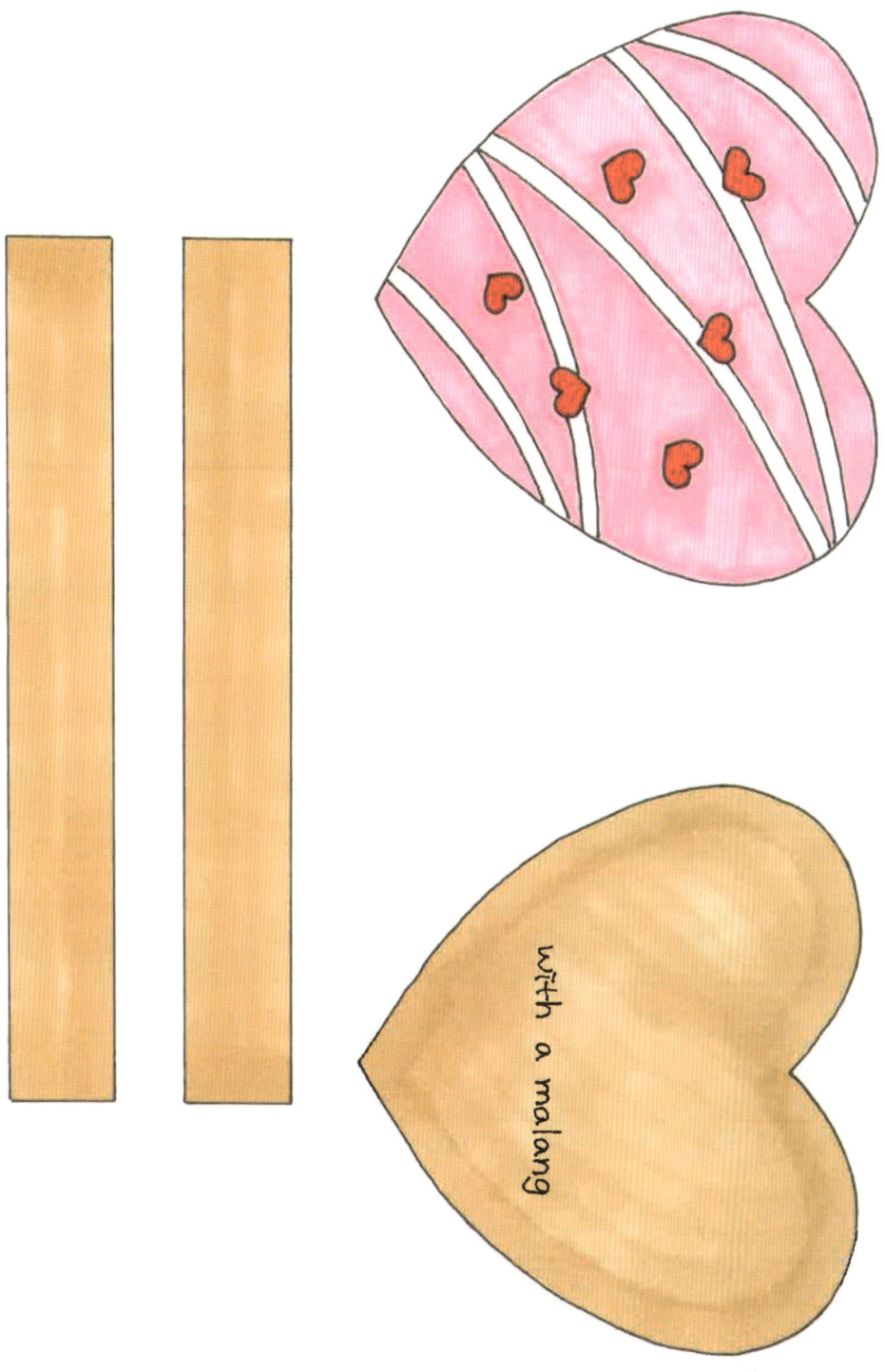

with a malang ♡

찾아봐 말랑도

## 말랑이랑 캐릭터 우유
**만들기 ▶ 29쪽**

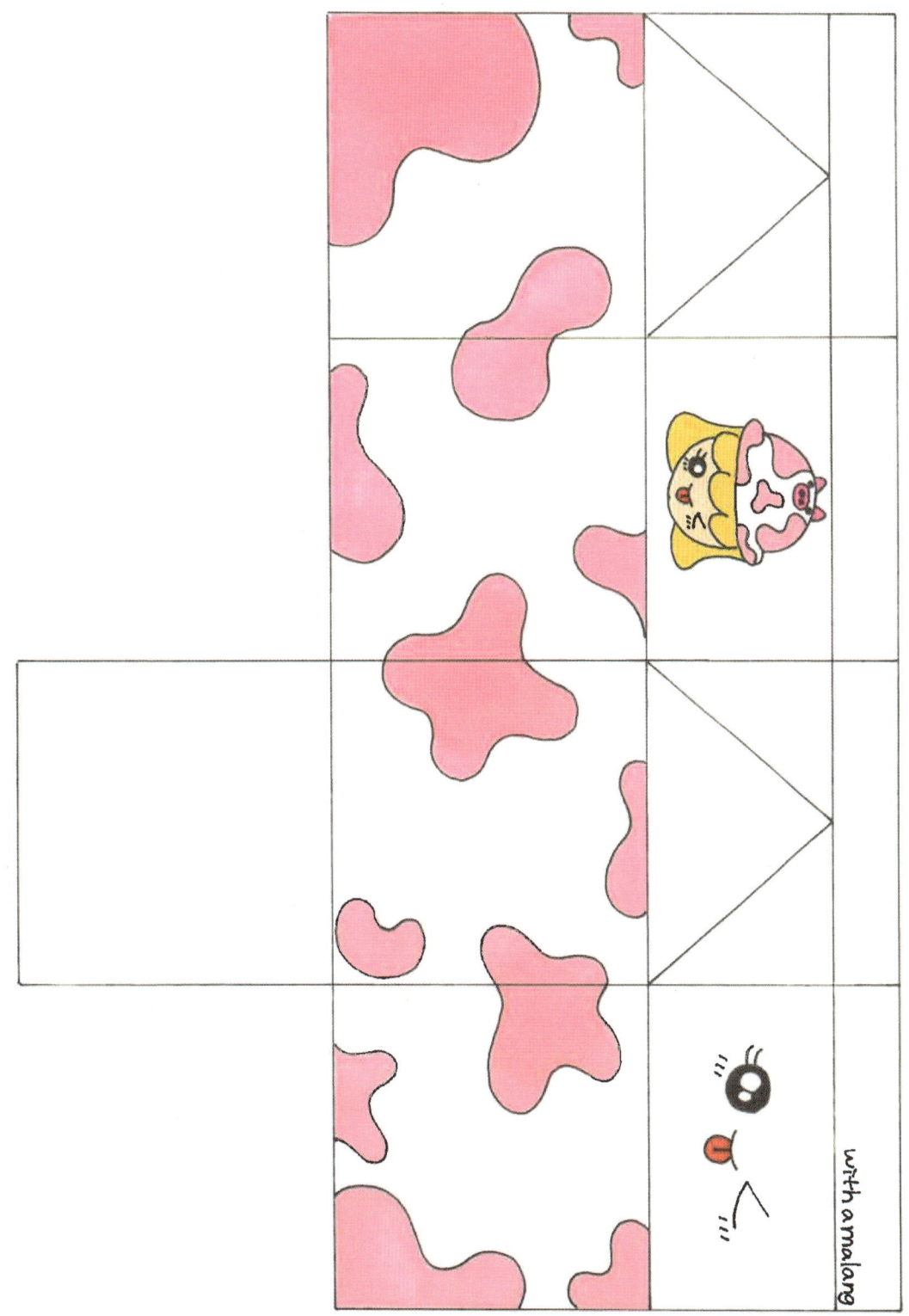

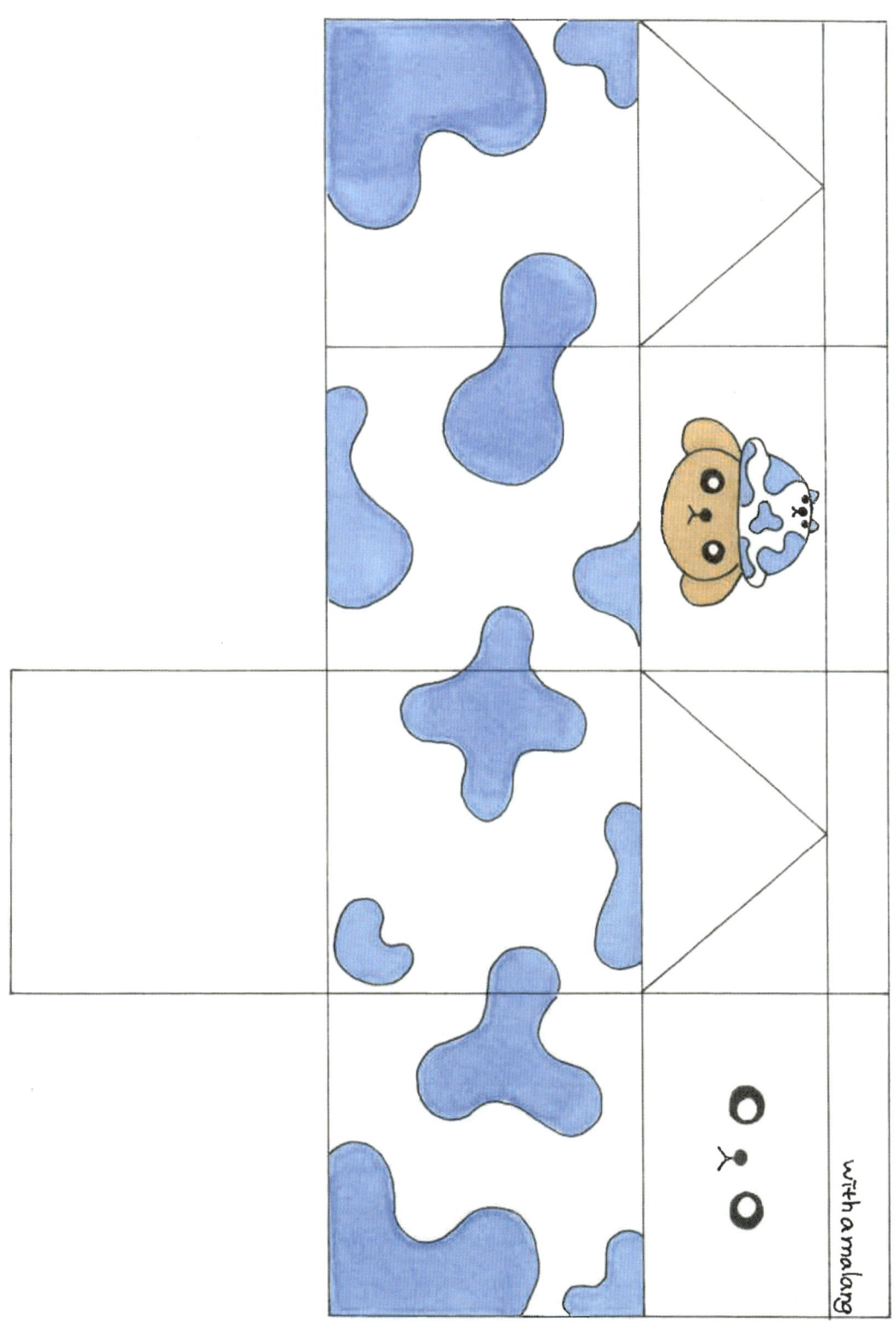

## 말랑이랑 타로 버블티
만들기 ▶ 33쪽

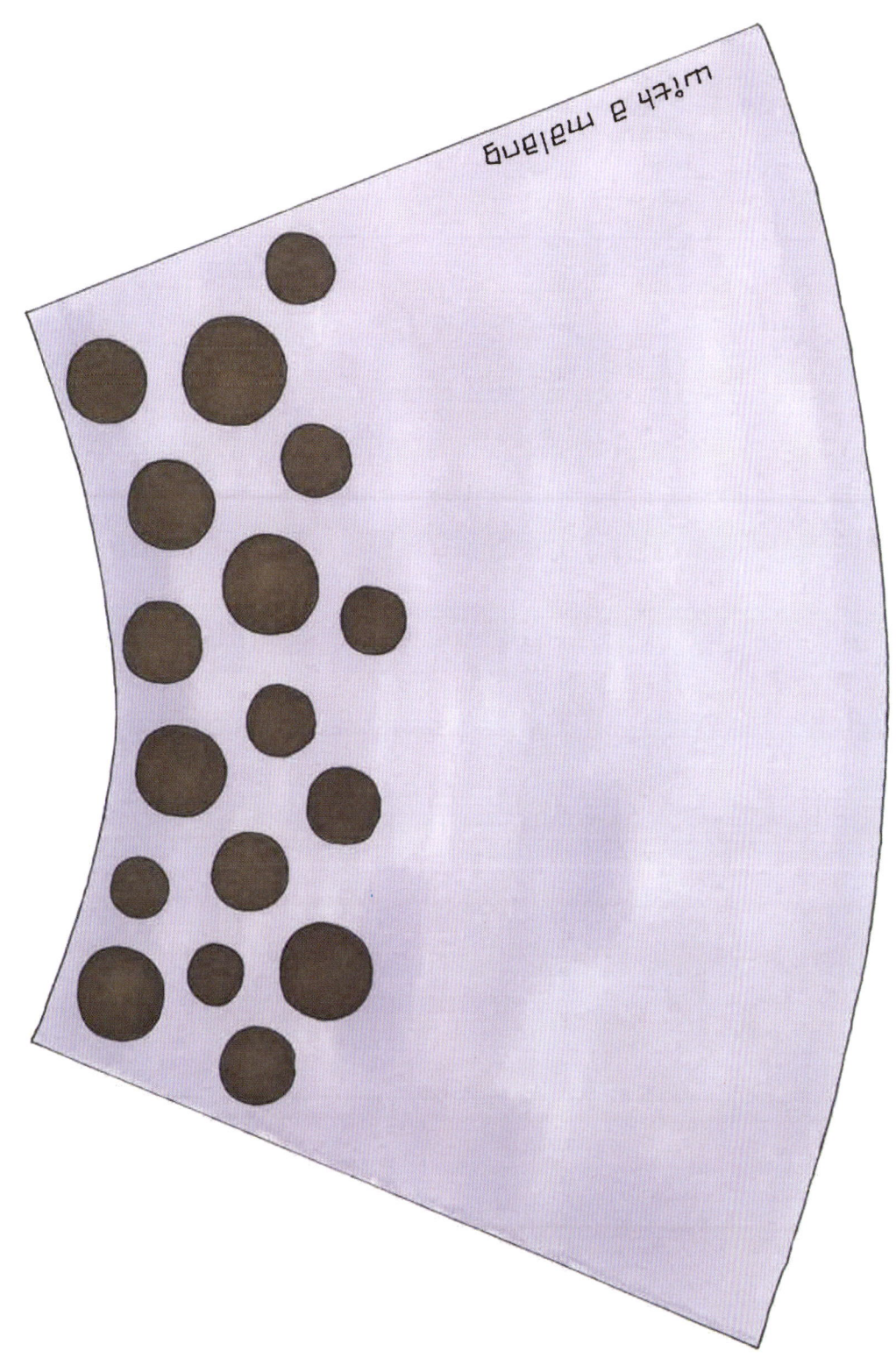

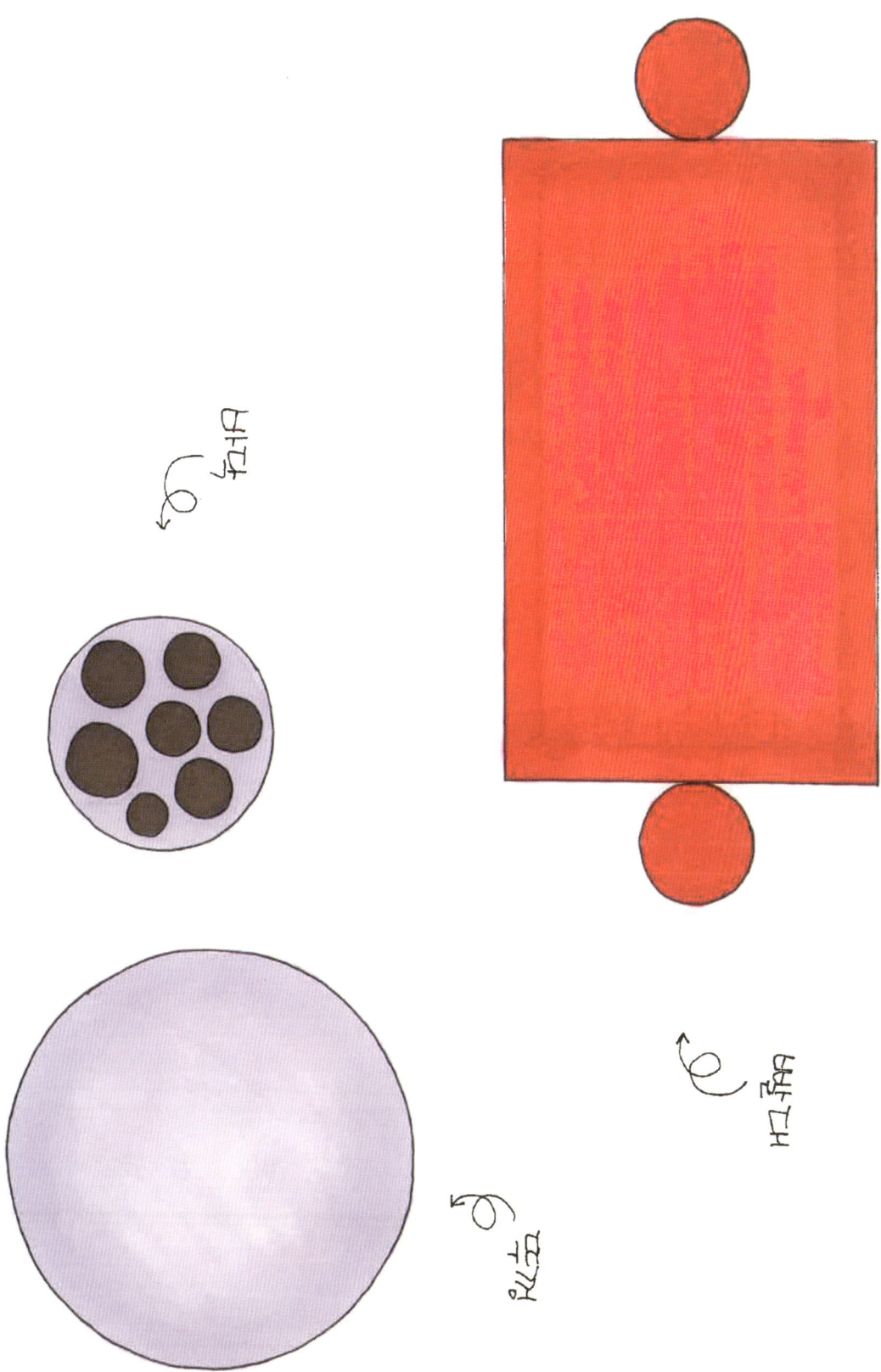

말랑이랑 탕후루
만들기 ▶ 37쪽

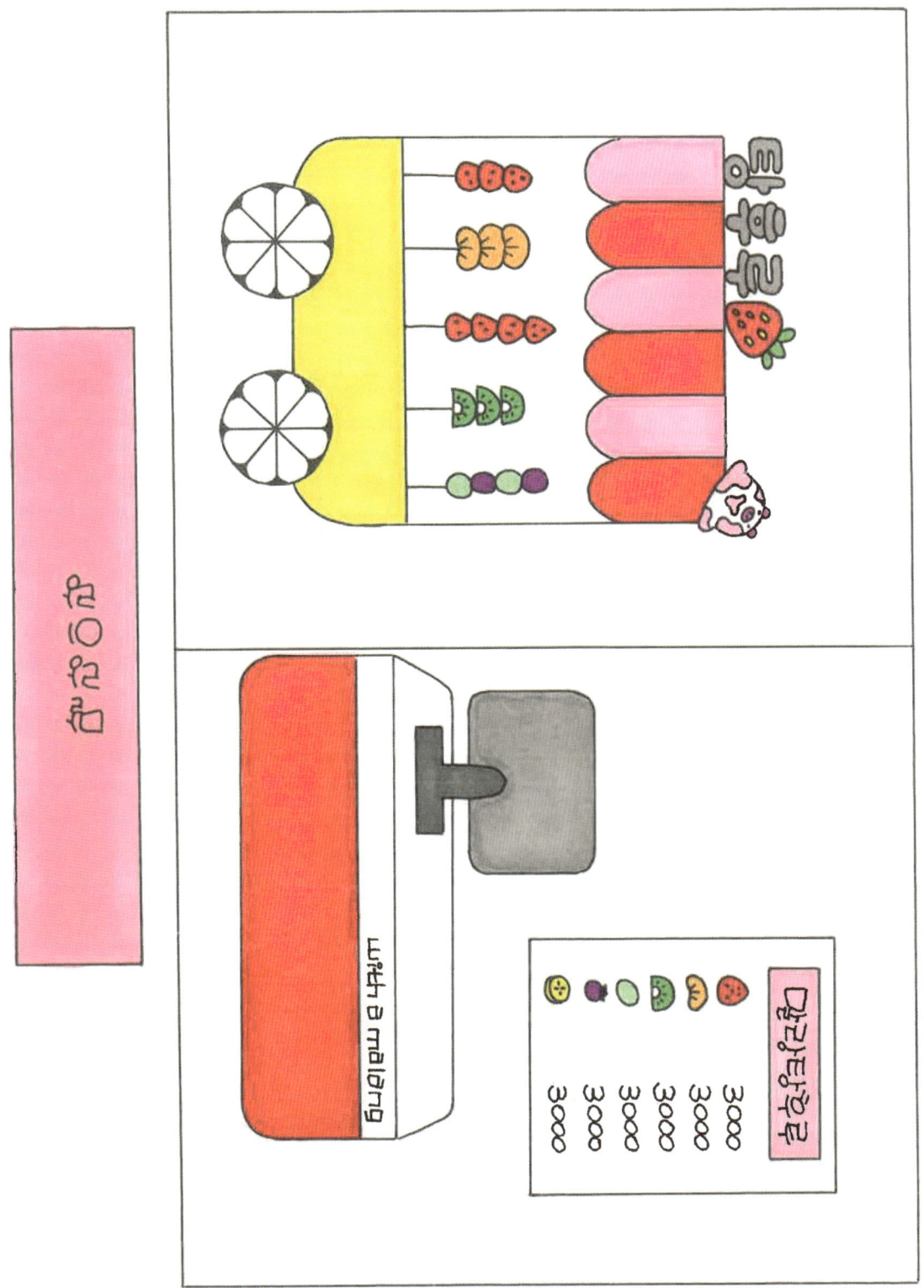

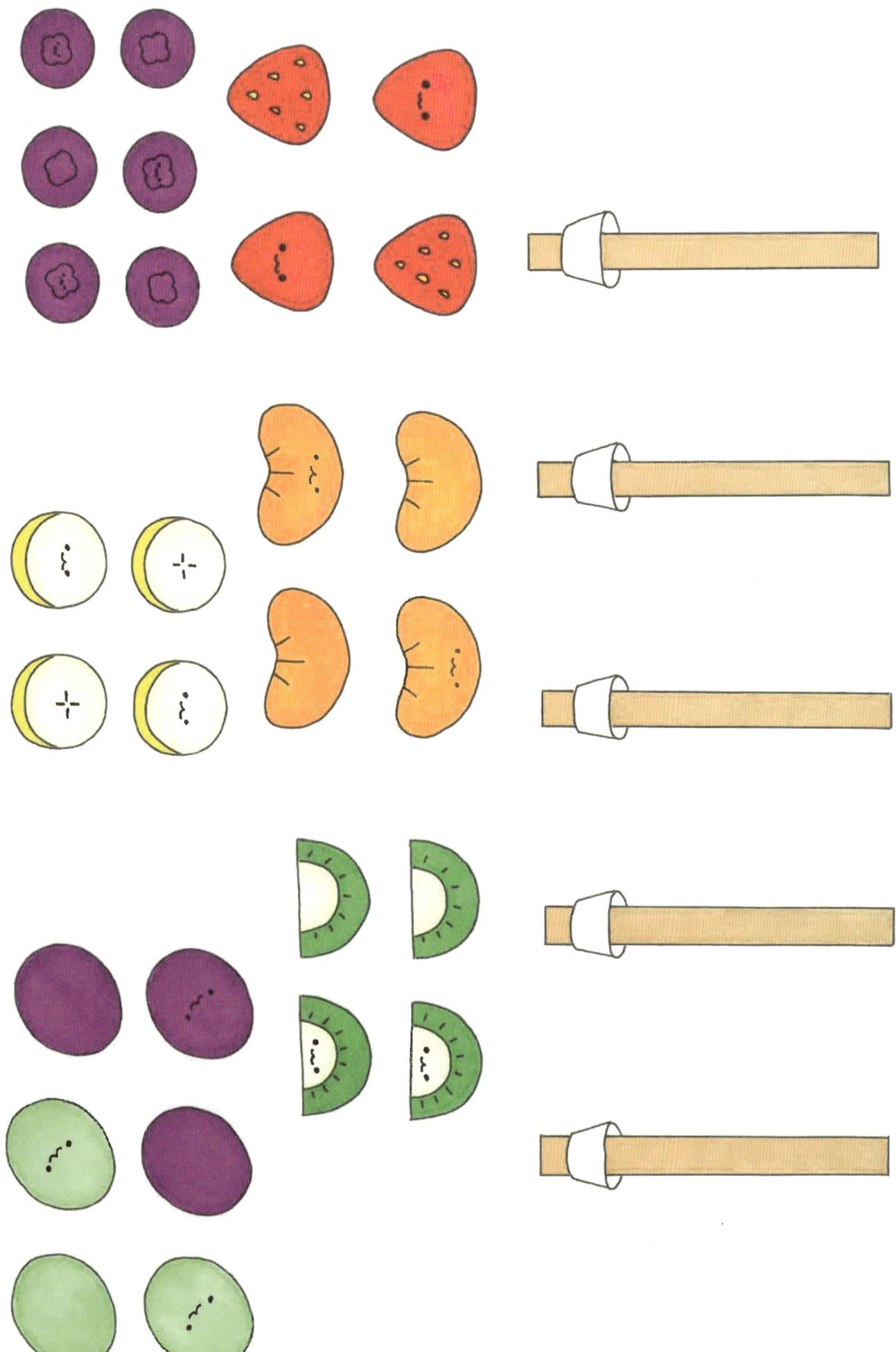

151

말랑이랑 삼각김밥

만들기 ▶ 40쪽

153

미니초밥

찜통

## 망토 입은 곰돌이
만들기 ▶ 47쪽

161

오리 말랑이
만들기 ▶ 50쪽

165

아보카도 팝잇

만들기 ▶ 53쪽

167

## 우주복 입은 우주인

만들기 ▶ 56쪽

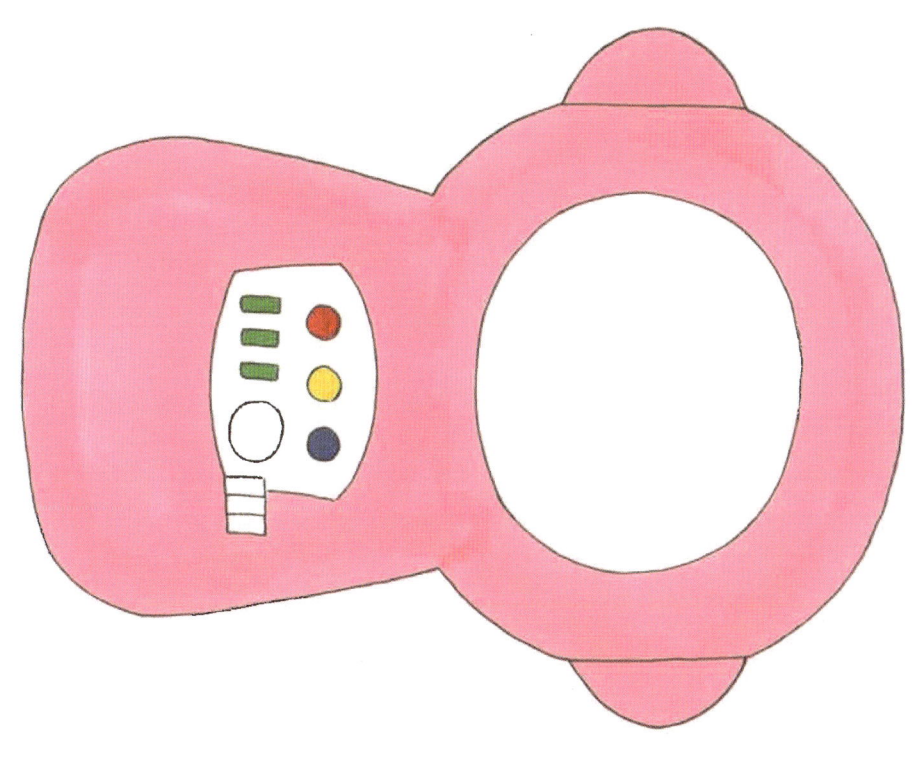

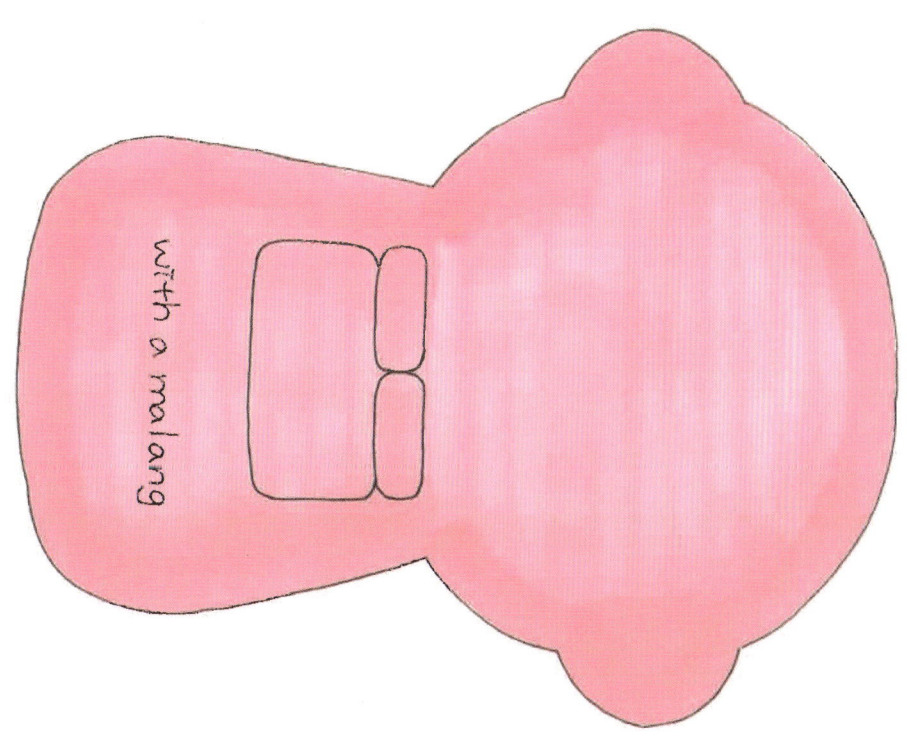

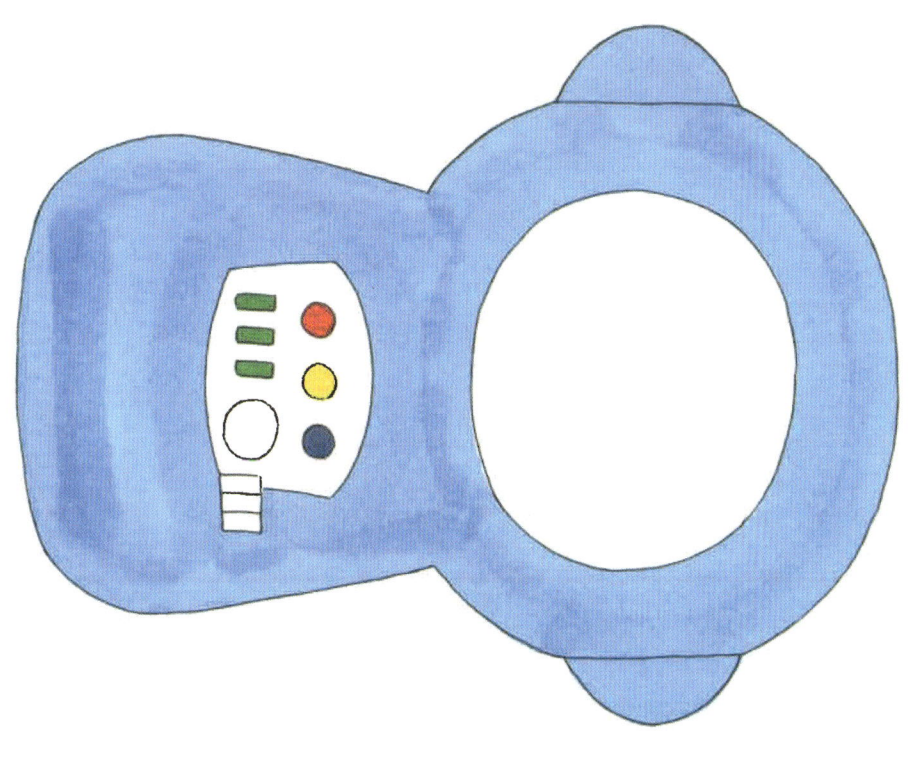
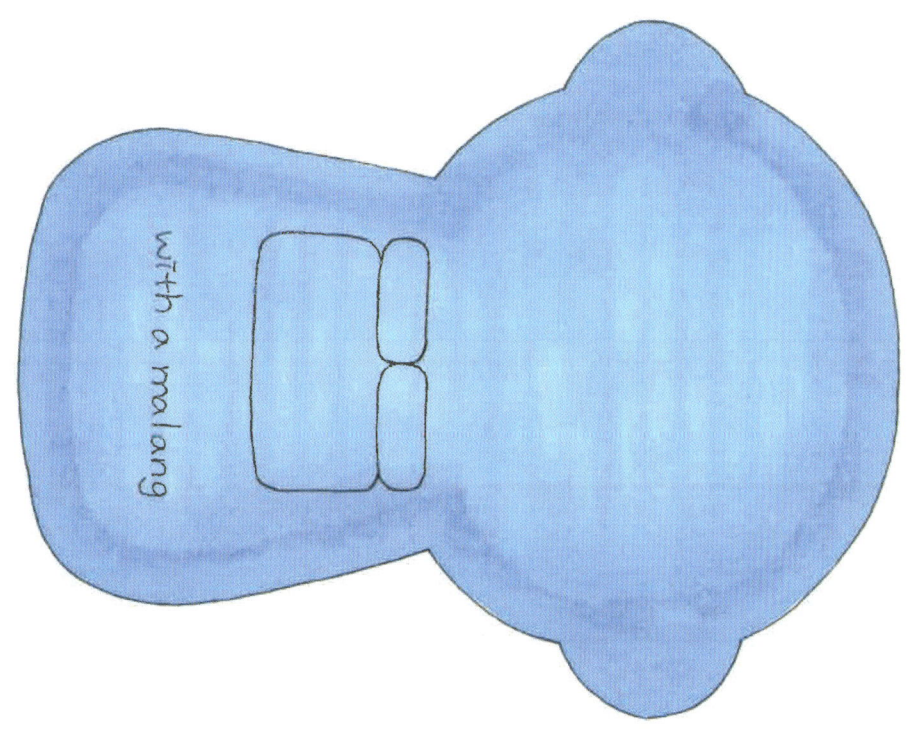

## 완두콩 팝잇
만들기 ▶ 60쪽

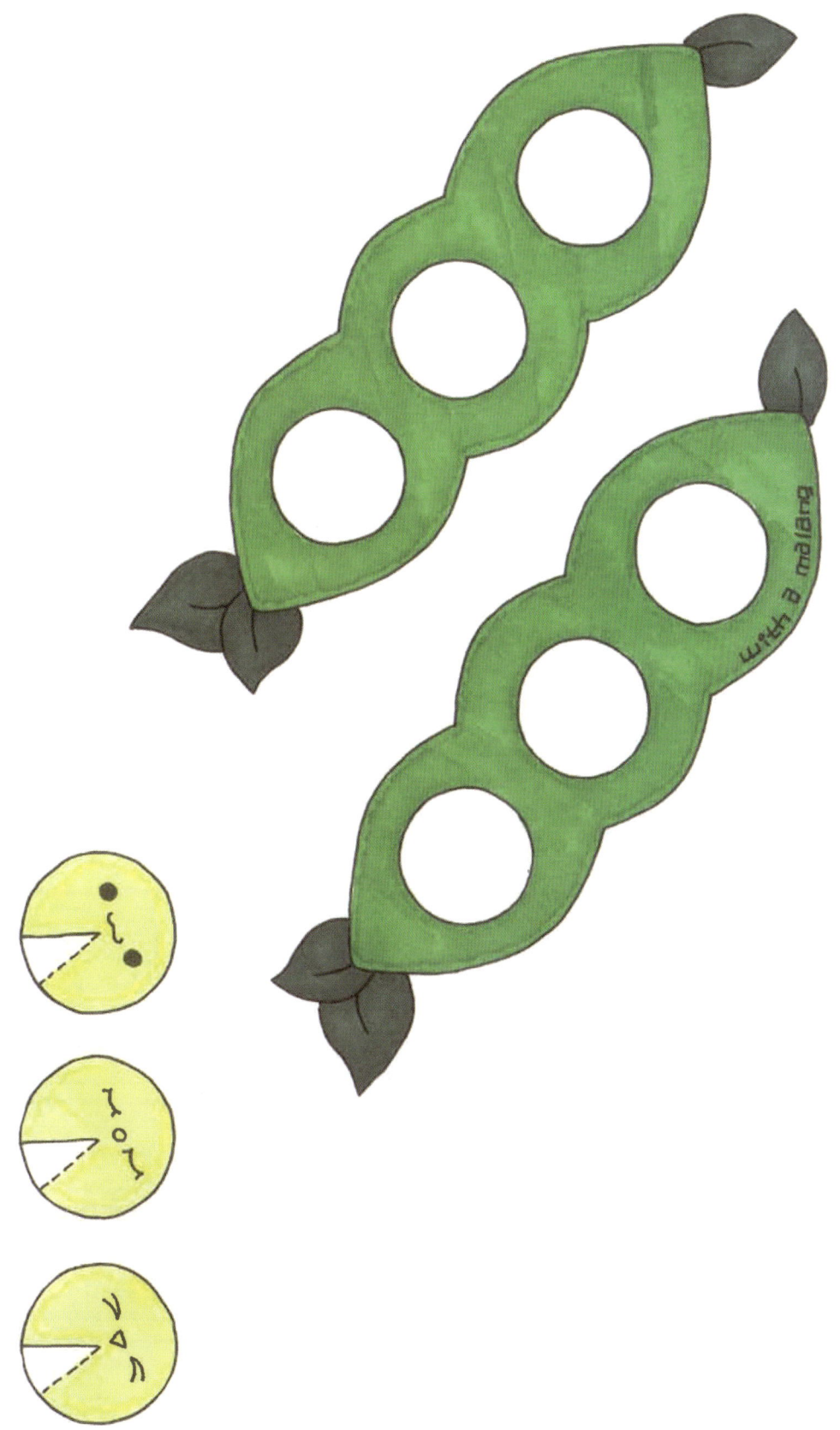

## 하리뽀 곰돌이
만들기 ▶ 63쪽

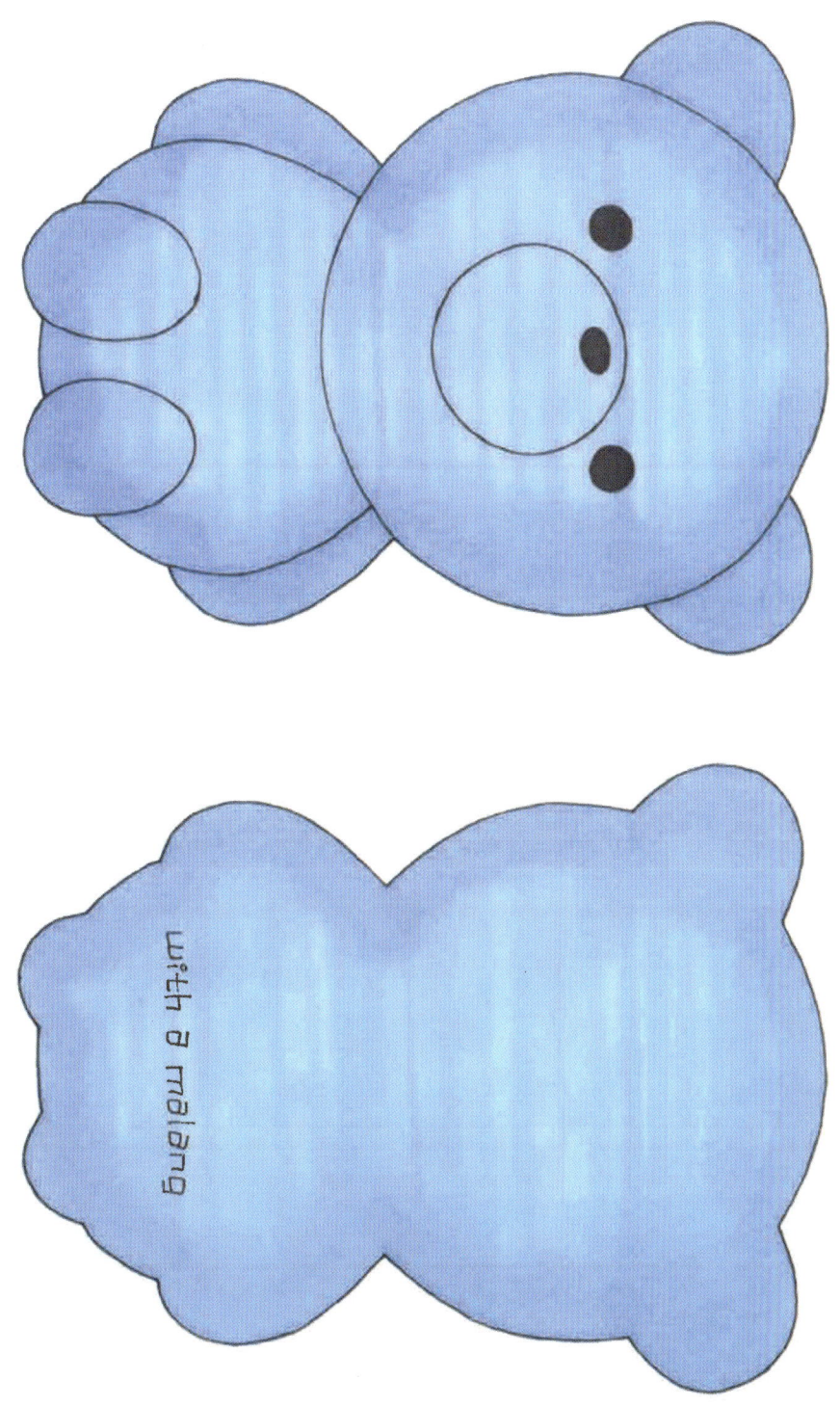

# 키보드 퍼즐

만들기 ▶ 66쪽

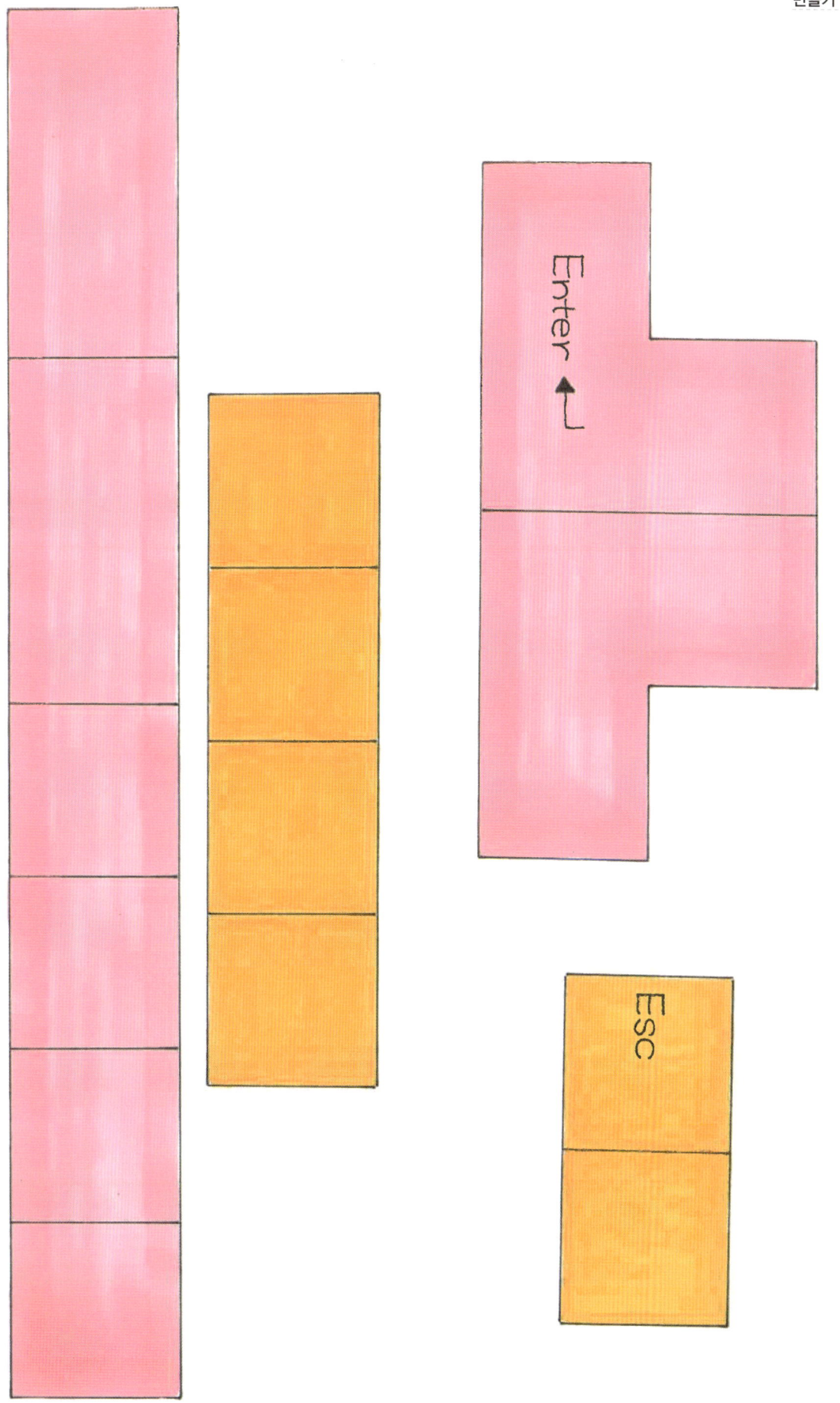

187

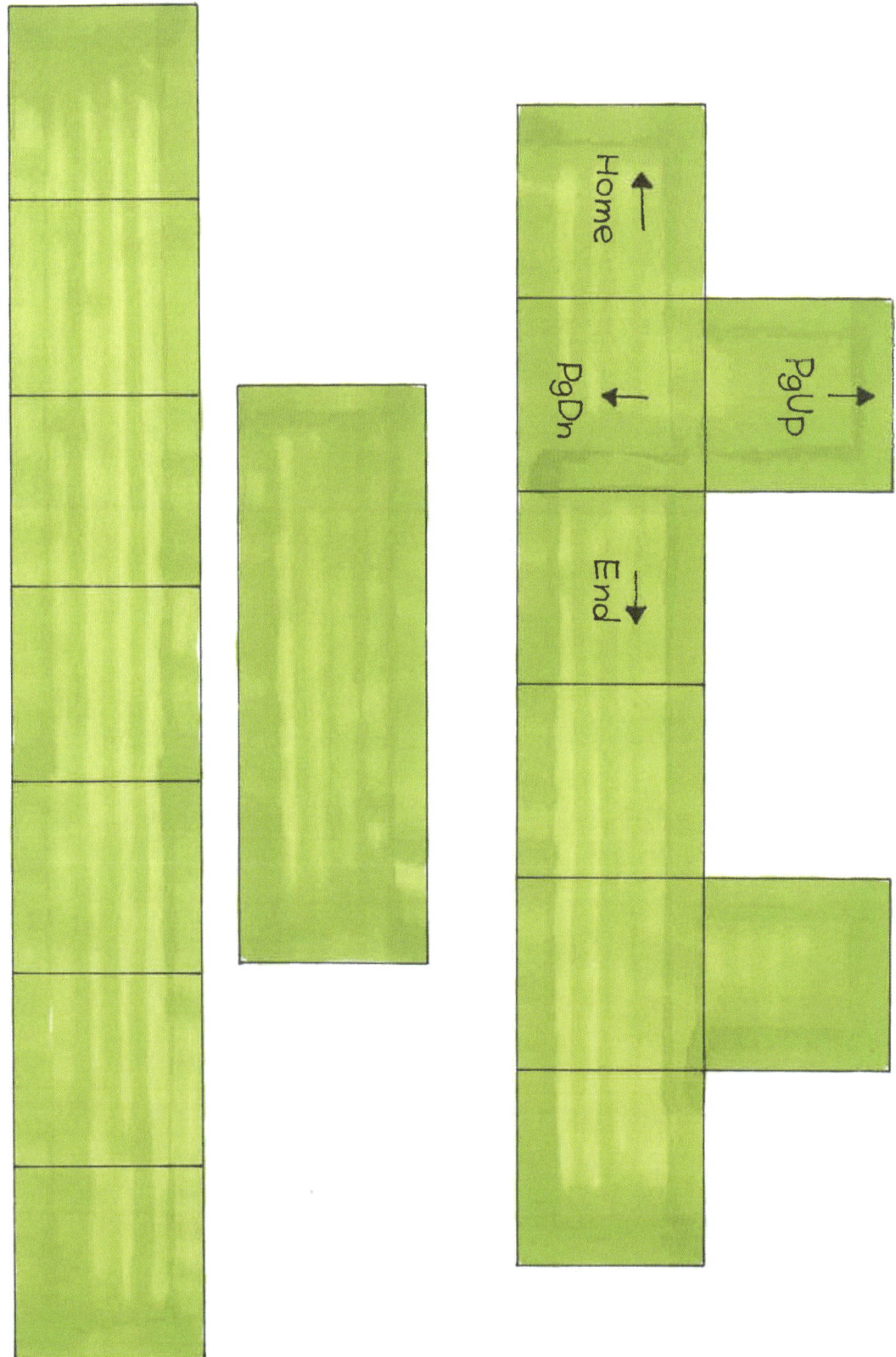

191

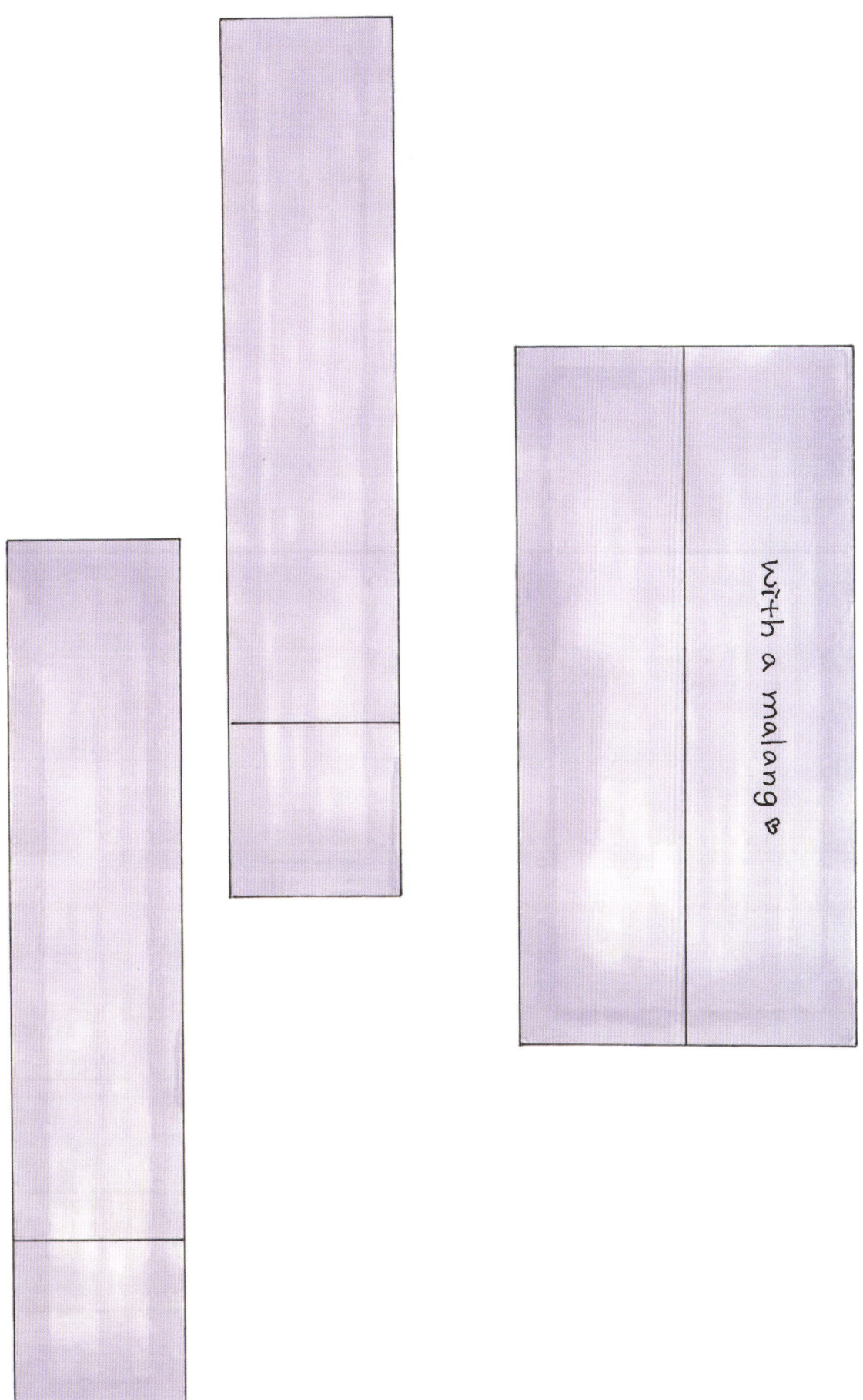

with a malang

펫 아이스크림 가게 스퀴시북

만들기 ▶ 70쪽

with a malang

| 안 ○ 양 핞 | 안 ○ 양 핞 |

# 선물 말랑이
**만들기 ▶ 74쪽**